Edle Liköre und Schnäpse

Klassische und neue Rezepte für Genießer

EDITION XXL

Inhalt

Ratgeber 4

Wichtige Werkzeuge, Hilfsmittel und Zutaten
für die Herstellung der Liköre und Schnäpse

Liköre 12

Edle Tropfen zum Verwöhnen für Genießer:
fruchtig, würzig, cremig, blumig

Schnäpse 64

Klassische und neue Rezepte mit erlesenen
Früchten, Beeren, Kräutern und Gewürzen

Vorwort

Schon immer wurden Liköre und Schnäpse auf der Grundlage von wohlgehüteten Rezepten und Vorgehensweisen hergestellt. Ursprünglich als Heilmittel gedacht, gehörten sie zu den besonderen Erzeugnissen von Apotheken und Klöstern mit ihren gut ausgestatteten Kräutergärten. So entstand eine Vielzahl an alkoholischen Auszügen, deren wohltuende und heilsame Wirkung mit einem besonderen Geschmack verbunden ist. In Maßen getrunken verhelfen Liköre und Schnäpse nach einem guten Essen zu einer besseren Verdauung und sie sorgen beim gemütlichen Beisammensein am Abend für einen entspannten Tagesausklang. Außerdem sind sie als individuelle Geschenke zu vielen Gelegenheiten eine besondere Überraschung.

Gewusst wie – und die Herstellung von Likören und Schnäpsen ist gar nicht schwierig. Sie benötigen dafür lediglich ein paar Hilfsmittel, die Sie wahrscheinlich sowieso in Ihrem Haushalt haben, einen Alkohol zum Ansetzen sowie Früchte, Beeren oder Kräuter zum Einlegen. Vieles davon finden Sie in Ihrem Garten, in der freien Natur und am Wegesrand. So ist das eine oder andere der vorliegenden Rezepte vielleicht ein willkommener Anlass für einen ausgedehnten Spaziergang oder einen Streifzug durch den heimischen Wald. Von Holunderbeer- und Kräuterlikör über Waldmeisterlikör bis hin zum Pflaumen- oder Quittenschnaps ist für jeden Geschmack etwas dabei.

Mit den detaillierten Erklärungen in den Rezepten kann eigentlich nichts schiefgehen. Der ausführliche Ratgeber informiert über die möglichen Zutaten, Geräte sowie Beachtenswertes beim Ansetzen. Das Brennen von Schnaps wird im vorliegenden Buch nicht erklärt.

Gutes Gelingen und wohl bekomms!

Elisabeth Bangert

Auf dem Vor- und Nachsatz finden Sie Kopiervorlagen für Etiketten und Anhänger zum Beschriften.

Ratgeber

Werkzeuge und Hilfsmittel

Zum Ansetzen von Likören und Schnäpsen sind keine besonderen Werkzeuge und Hilfsmittel notwendig. Die meisten Geräte hierzu finden sich in jedem Haushalt.

Plastiksieb
Zum Reinigen der Früchte und Kräuter sowie zum Filtern des Ansatzes ist ein einfaches Plastiksieb gut geeignet.

Salatschleuder
Vor dem Einlegen in ein geeignetes Gefäß ist eine Salatschleuder zum schnellen Trocknen von Früchten und Kräutern hilfreich. Dabei sollten nur kleine Mengen in die Salatschleuder gelegt werden, weil sich diese bei zu großem Gewicht nicht mehr schnell genug drehen lässt. Durch die Fliehkraft wird das anhaftende Wasser von den Früchten und Kräutern geschleudert.

Gefäße zum Ansetzen
Zum Ansetzen von Likör und Schnaps sollte stets ein Glasgefäß verwendet werden. Metall- oder Kunststoffbehälter sind wegen eventueller chmischer Reaktionen nicht geeignet. Wenn das Gefäß über eine weite Öffnung verfügt, können auch ganze Früchte, wie z. B. Pflaumen oder gar eine Ginsengwurzel, problemlos hineingelegt werden. Praktisch sind z. B. größere gereinigte Gurkengläser mit Twist-off-Deckel oder Einmach-

gläser mit Bügelverschluss. Sehr gut geeignet sind auch Apothekerflaschen mit Glaspfropfen, die in verschiedenen Größen erhältlich sind, oder ein Glasballon. Zum Ansetzen sind einfache, wiederverwendbare Gefäße völlig ausreichend.

Flaschen zum Abfüllen
Lohnenswert ist die Anschaffung von schönen Flaschen und Karaffen zum Abfüllen des fertigen Ansatzes, insbesondere wenn Sie Ihr Produkt verschenken möchten. Auch hierbei sollten stets Glasflaschen verwendet werden. Das Angebot an schönen Flaschen und

Karaffen ist vielfältig. Stöbern Sie ein wenig und lassen Sie sich inspirieren, welche Flaschenform wohl am besten zu welchem Likör bzw. Schnaps passen könnte. Natürlich können Sie auch die Flasche wiederverwenden, der Sie zuvor den Ansatzalkohol entnommen haben. Vermutlich ist diese aus hygienischer Sicht (da sie ursprünglich Alkohol enthalten hat) immer noch einwandfrei und muss nicht noch einmal extra gereinigt werden.

Hygiene

Die Gefäße zum Ansetzen wie auch die Flaschen und Karaffen zum Abfüllen sollten vor dem Gebrauch immer sorgfältig mit heißem Wasser (gegebenenfalls auch unter Verwendung von Spülmittel) gereinigt werden. Zwar ist Alkohol antiseptisch und verhindert wirksam die Ausbreitung von Bakterien und Schimmelpilzen, durch die Ihr Produkt verderben könnte. Jedoch spielt hierbei auch der Geschmack eine sehr wichtige Rolle. Ein feiner Kirschlikör mit geschmacklichen Rückständen von Essiggurken oder Bratheringen ist sicherlich kein Genuss! Wenn Sie die Flaschen und Ansatzbehälter mit Spülmittel gereinigt haben, sollten sie mit ausreichend Wasser nach- und ausgespült werden. Denn die geschmackliche Qualität Ihres Produktes wird durch Spülmittelrückstände erheblich beeinträchtigt!

Geeignete Verschlüsse

Die Gefäße zum Ansetzen von Likören und Schnäpsen wie auch die Flaschen, in die das Endprodukt schließlich abgefüllt wird, sollten gut verschließbar sein. Dies wird durch intakte Twist-off-Deckel oder Flaschendrehverschlüsse wie auch fest sitzende Pfropfen aus Kork gewährleistet. Auch Karaffen oder Apothekerflaschen mit Glaspfropfen sind gut verschließbar.

Filtermethoden

Nach Ablauf der Ziehzeit Ihres Ansatzes und vor dem Abfüllen in Flaschen sollte Ihr Produkt gefiltert werden. Es hängt von Ihren Ansprüchen ab, welche Filtermethode Sie anwenden. Darf der Likör oder Schnaps aufgrund feiner Schwebstoffe (bei denen es sich meistens um fruchteigene Pektine handelt) eine leicht trübe Färbung haben, ist die Filtermethode mit einem Tuch völlig ausreichend. Hierfür wird ein Sieb mit einem Tuch ausgelegt und in eine Schüssel gehängt. Nun wird der Ansatz in das Sieb geschüttet und mithilfe des Tuches gefiltert. Danach kann er in Flaschen gefüllt werden. Die Pektine setzen sich im Lauf der Zeit auf dem Flaschenboden ab und beeinträchtigen die geschmackliche Qualität keineswegs. Möchten Sie lieber einen klaren Likör oder Schnaps, sollten Sie Ihr Produkt durch einen Kaffeefilter geben.

Trichter

Ein Trichter ermöglicht das verlustfreie Abfüllen von Likör und Schnaps aus dem Ansatz- oder Auffanggefäß in die Lagerflasche.

Alkohol zum Ansetzen

Die Wahl des Alkohols ist abhängig von Geschmack und Preis. Verwenden Sie stets eine gute Qualität, damit sich Ihre Mühe lohnt. Ein minderwertiger Alkohol lässt sich durch den Ansatz mit Früchten, Beeren oder Kräutern nicht in ein hochwertiges Getränk umwandeln! Bei Schnäpsen und Likören kommt es auch nicht auf die Stärke, sondern vielmehr auf einen harmonischen Geschmack an. Wenn dem Ansatz Zucker zugefügt wird, birgt die Verwendung von hochprozentigem Alkohol große Gefahren. Der süße, fruchtige Geschmack überdeckt die Schärfe des Getränks und verleitet eventuell schnell zu übermäßigem und unüberlegtem Genuss!

Die genaue Bestimmung des Alkoholgehaltes Ihres Ansatzproduktes ist nur mithilfe von speziellen Messinstrumenten (z. B. einem Aräometer) möglich. Dies ist aber lediglich notwendig, wenn Sie Ihr Produkt verkaufen möchten. Für den Privatgebrauch können Sie sich an der Alkoholkonzentration Ihres Ansatzalkohols orientieren, die allerdings durch den Wassergehalt der Früchte geringfügig vermindert werden kann.

Korn oder Kornbrand wird aus Getreide wie Weizen, Gerste, Roggen, Hafer oder Buchweizen hergestellt. Sein Alkoholgehalt beträgt zwischen 32 und 38 Vol.-%. Korn oder Kornbrand ist hinsichtlich des Geschmacks neutral. Er beeinträchtigt das ursprüngliche Aroma der Früchte nicht und kann universal eingesetzt werden. Wegen seines moderaten Alkoholgehalts muss das Endprodukt nicht mit Wasser vermischt werden.

Weinbrand wird durch Destillation von Wein gewonnen und anschließend in Eichenholzfässern gelagert. Sein Alkoholgehalt beträgt zwischen 36 und 86 Vol.-%. Wegen seines milden und runden Geschmacks ist er gut geeignet für Ansätze mit stark aromatischen Früchten wie Erdbeeren oder Himbeeren. Nach der Ansetzzeit sollte der hochprozentige Likör oder Schnaps mit destilliertem Wasser verdünnt werden.

Obstler oder Obstbrand wird meist aus Äpfeln, Birnen und Zwetschgen hergestellt. Dabei werden zwei oder mehr Obstsorten gemeinsam destilliert. Der Alkoholgehalt liegt bei mindestens 37,5 Vol.-%. Zusammen mit dem Korn ist der Obstler aufgrund seines relativ neutralen Geschmacks und niedrigen Alkoholgehaltes zum Ansetzen von Likören und Schnäpsen am besten geeignet.

Rum wird aus Zuckerrohrmelasse hergestellt und enthält zwischen 37,5 und 80 Vol.-% Alkohol. Auch er wird nach der Herstellung zunächst in Eichenholzfässern gelagert und erhält dadurch seine braune Farbe. Weißer Rum dagegen wird in Edelstahlfässern gelagert. Wegen seines aromatischen Eigengeschmacks ist er nicht für alle Ansätze geeignet. Man muss daher gut überlegen, ob er geschmacklich zu den ausgewählten Früchten passt.

Wodka wird zumeist aus Roggen hergestellt und weist einen Alkoholgehalt von 37,5 bis 80 Vol.-% auf. Er ist aufgrund seines relativ neutralen Geschmacks zum Ansetzen von Likören und Schnäpsen gut geeignet.

Bei Weingeist oder Ethanol handelt es sich um trinkbaren Reinalkohol ab 95 Vol.-%. Er ist geschmacksneutral und zum Ansetzen von Likören und Schnäpsen gut geeignet. Jedoch ist er im Lebensmitteleinzelhandel nicht erhältlich und muss in der Apotheke gekauft werden. Weingeist sollte bereits vor dem Ansetzen mit destilliertem Wasser verdünnt werden, spätestens aber danach. In den meisten Fällen kann er durch Korn, Wodka oder Obstbrand ersetzt werden, die leichter verfügbar sind und unverdünnt in ihrer ursprünglichen Konzentration meistens direkt aus der Flasche verwendet werden können.

Likör oder Schnaps?

Der Likör zeichnet sich durch einen relativ hohen Zuckergehalt aus. Nach den gesetzlichen Bestimmungen spricht man von Likör, wenn die Zuckerkonzentration mindestens 100 g Zucker pro Liter beträgt. Ob Ihr Produkt nun als Likör oder besser mit weniger oder ganz ohne Zucker bzw. Honig als Schnaps bezeichnet werden sollte, bleibt bei der Herstellung für den Privatgebrauch jedoch Ihnen überlassen.

Ansetzen

In den Rezepten wird stets angegeben, wie Sie Ihren Likör oder Schnaps während der Ansetzzeit lagern sollten. Das hat immer seinen Grund. Natürlich lösen sich die wesentlichen Pflanzeninhalts- oder Geschmacksstoffe in warmem Alkohol viel besser als in kaltem. Jedoch sind nicht alle licht- oder temperaturbeständig, sondern zerfallen unter der Einwirkung von UV-Licht oder bei warmen Temperaturen und bewirken im Ansatzprodukt eine unansehnliche bräunliche Farbe. Grundsätzlich gilt: Ansätze mit Gewürzen und Wurzeln dürfen an einem warmen Platz an der Sonne ziehen. Ansätze mit Früchten, Beeren oder Wildpflanzen wie Spitzwegerich oder Minze, die einen grünen oder orangefarbenen bis roten Farbton erhalten sollen, stellt man zum Ziehen besser an einen kühlen Ort in den Schatten.

Geschenke

Liköre und Schnäpse aus eigenem Ansatz sind immer ein individuelles und besonderes Geschenk zu vielen Anlässen. Damit sich auch der Beschenkte über die Einzigartigkeit Ihrer Gabe klar wird, lohnt es sich, Ihr Produkt in ein besonderes Gefäß oder eine schöne Flasche zu füllen. Im Handel finden Sie eine Vielzahl an schönen Glasgefäßen und Flaschen.

Nach dem Abfüllen können Sie das Gefäß dekorativ beschriften oder mit einem Etikettanhänger versehen. Im Vor- und Nachsatz dieses Buches finden Sie zu diesem Zweck Vorlagen für Etiketten und Anhänger, die Sie nach dem Fotokopieren farblich nach Belieben gestalten können.

Hübsch wirkt auch ein kleiner Ast oder ein thematisch passender Kräuterzweig, der mit etwas Bast oder einem schönen Band an den Flaschenhals gebunden wird.

Kleinere Fundstücke aus der Natur wie z. B. Muscheln oder leichte Steine können mit etwas Heißkleber auf die Flasche oder das Gefäß geklebt werden. Auch der Verschluss kann schön dekoriert werden.

Früchte und Beeren

Zum Ansetzen von Likören und Schnäpsen sind alle Früchte und Beeren mit hohem Zucker- und Säuregehalt gut geeignet. Das Einlegegut sollte voll ausgereift und einwandfrei sein, also keine Druckstellen oder unreifen Stellen haben. Die meisten Früchte sollten vor dem Ansetzen zerkleinert werden. Kirschen und ganze Beeren können vor dem Ansatz mit einer Nadel ein paar Mal eingestochen werden, damit ihr Aroma besser vom Alkohol aufgenommen wird.

Je nach Saison kommen Früchte aus dem Garten oder solche, die im Handel erhältlich sind, infrage. Darüber hinaus finden sich auch in der Natur zahlreiche Beeren und Früchte, die gesammelt und zum Ansetzen von Likören und Schnäpsen verwendet werden können. Bevor Sie mit neuen Früchten und Pflanzen experimentieren, sollten Sie sich jedoch einen grundlegenden Überblick über die botanischen Besonderheiten verschaffen, vor allem im Hinblick auf eine eventuelle Vergiftungsgefahr oder Wechselwirkungen von Pflanzeninhaltsstoffen mit Alkohol!

und den Balkan nach Europa. Bis auf einige ausgewilderte Exemplare ist die Apfelbeere keine Wildpflanze. Sie wird im Landschafts- und Gartenbau angepflanzt und ist daher in vielen Gärten und Parkanlagen anzutreffen. Der Strauch blüht von Mai bis Juli. Die Beeren reifen im Herbst und sollten rasch geerntet werden, da sie schon gleich nach der Reife abfallen. In der Naturheilkunde spielen Apfelbeeren eine wichtige Rolle. Sie enthalten viel Vitamin C, Vitamin K, Flavonoide und Folsäure. Sie werden eingesetzt bei Herz- und Kreislauferkrankungen, Hautkrankheiten, Magen-Darm-Beschwerden und Entzündungen verschiedenster Art.

Vogelbeeren

Die Vogelbeeren sind die orangefarbenen Früchte der Eberesche. Dieser anspruchslose Baum ist in fast ganz Europa zu finden. Häufig wächst er auf Waldlichtungen, an Waldrändern und in Hecken. Die Eberesche wird auch im Landschafts- und Gartenbau angepflanzt und ist daher häufig in Parkanlagen und an Alleen zu finden. Sie blüht von Mai bis Juli, die Früchte reifen von August bis September. Roh oder unbehandelt sollten die Beeren der Eberesche nicht verzehrt werden. Sie enthalten Parasorbinsäure, die bei empfindlichen Menschen in hoher Dosis zu Magenbeschwerden führen können. Durch Hitze- oder Kälteeinwirkung wird Parasorbinsäure jedoch zersetzt. Um zu vermeiden, dass diese Substanz in Ihren Ansatz gelangt, können Sie die Vogelbeeren entweder erst nach dem ersten Frost ernten oder nach dem Sammeln einige Tage ins Gefrierfach legen.

Apfelbeeren

Die Apfelbeeren sind die schwarzen Früchte des Aronia-Strauches, der auch Schwarze Eberesche genannt wird. Die Pflanze stammt ursprünglich aus dem Osten Nordamerikas und kam über Russland

Weißdorn

Verwendet werden die roten Früchte des üppig weiß blühenden Strauches oder Baumes, dessen Erscheinungsbild der Pflanze auch den Namen gegeben hat. Der Weißdorn findet sich in ganz Mitteleuropa und ist in Wäldern, Hecken, Parks und Gärten häufig anzutreffen. Die Pflanze blüht von Mai bis Juni. Die Früchte können ab August bis in den Winter hinein geerntet werden. Der Weißdorn ist weltweit ein echter Star unter den Heilpflanzen und wird als solche bereits im 1. Jahrhundert n. Chr. erwähnt. Alle Pflanzenteile werden verwendet und als Mittel zur Stärkung des Herzens eingesetzt.

Sanddorn

Zum Ansetzen werden die orangefarbenen Früchte des Sanddornstrauches verwendet. Man findet ihn in Nord- und Mitteleuropa auf kalkhaltigen Sand- und Kiesböden an sonnigen Standorten bis zu einer Höhe von 1800 m ü. d. M., z. B. in lichten Kieferwäldern und auf Sandböden in Küstennähe. Sanddornfrüchte sind wahre Vitaminbomben. Die Pflanze wird auch „Zitrone des Nordens" genannt und ihre Früchte enthalten außer sehr viel Vitamin C auch das im Pflanzenreich selten anzutreffende Vitamin B12.

Der Sanddorn blüht von März bis Mai, seine Früchte können ab August geerntet werden. Da die Zweige stachelig und die reifen Sanddornfrüchte sehr weich sind, ist es empfehlenswert, die Zweige mit den Früchten abzuschneiden und diese für ein paar Stunden in die Gefriertruhe zu legen. Danach lassen sich die Früchte besser von den Zweigen zur Weiterverarbeitung entfernen. Tragen Sie dabei zum Schutz der Hände feste Gartenhandschuhe.

Schlehen

Verwendet werden die dunkelblauen bis schwarzen Früchte des dornigen Schlehdornstrauches. Die Pflanze ist in Europa häufig anzutreffen und wächst bevorzugt an sonnigen Plätzen am Wald- und Wegesrand sowie in Hecken. Der Schlehdorn blüht von März bis April, seine Früchte können ab September geerntet werden. Sinnvoll ist es jedoch, zuvor den ersten Frost abzuwarten, durch den ein Teil der enthaltenen Gerbstoffe abgebaut wird. Sollte dazu keine Möglichkeit bestehen, können die geernteten Beeren auch für einige Tage in die Gefriertruhe gelegt werden. Bei der Ernte ist es wichtig, zum Schutz vor den Dornen Handschuhe zu tragen. Auch in der Naturheilkunde wird die Schlehe eingesetzt. Alle Pflanzenteile haben eine adstringierende Wirkung und sind außerdem harntreibend, abführend, fiebersenkend, entzündungshemmend und magenstärkend.

Kräuter und Gewürze

Zum Ansetzen mit Kräutern und Gewürzen kann auf das gesamte Spektrum an Küchenkräutern wie auch Wild- und Heilkräutern (z. B. Löwenzahn, Spitzwegerich oder Schafgarbe) zurückgegriffen werden. Kräuterliköre und -schnäpse haben eine lange Tradition. Überlieferungen von alten Rezepten gehen bis ins 16. Jahrhundert zurück. Meistens wurde damals Wein als Ansatzalkohol verwendet. Weingeist und hochprozentiger Alkohol wurde zum Ansetzen von Likören und Schnäpsen erst im 19. Jahrhundert gebräuchlich. Außerdem wurde den Ansätzen wesentlich weniger Zucker hinzugefügt. Zucker war selten und kostspielig. Es ist anzunehmen, dass der Gaumen der Menschen in früheren Zeiten weit weniger auf Zucker und stark gesüßte Speisen eingestellt war.

Viele der Kräuterliköre und -schnäpse enthielten Zutaten, deren wohltuende Wirkung auf den Magen und die Verdauungsorgane bis heute geschätzt wird. Zum Einsatz kamen Zimt, Nelken, Ingwer, Wermut, Kümmel, Pfefferminze, Koriander und Enzian.

Zimt

Zimt ist eines der ältesten Gewürze und wurde schon um 300 v. Chr. in China eingesetzt. In Europa wurde es durch den Seefahrer Vasco da Gama bekannt, der es auf Ceylon, dem heutigen Sri Lanka, entdeckte. Sri Lanka ist heute noch das Hauptanbaugebiet für den Zimtbaum, dessen getrocknete Rinde verwendet wird. Dem Zimt wird eine blutzucker- und blutfettsenkende Wirkung zugeschrieben.

Nelken

Die Pflanzen, die die Gewürznelken hervorbringen, gehören zu den Myrtengewächsen und sind in den Tropen und Subtropen von Afrika und Asien heimisch. Verwendet werden die Blüten, die beim Trocknen eine braune Farbe erhalten. Sie sehen aus wie kleine Nägel, wovon auch ihr deutscher Name abgeleitet wurde. Arabische Händler brachten sie erstmals nach Europa.

Nelken enthalten Eugenol, das eine antibakterielle und schmerzstillende Wirkung hat. Im Hinblick auf die Verdauung wirkt Eugenol krampflösend und gegen Blähungen.

Ingwer

Seit mehr als 3000 Jahren ist Ingwer als Gewürz als auch als Heilmittel bekannt. Der chinesische Philosoph Konfuzius (551–479 v. Chr.) soll alle seine Speisen mit Ingwer gewürzt haben. Seine Wirksamkeit gegen Übelkeit und Erbrechen wird vor allem von Seglern und Seeleuten geschätzt. Er soll auch bei Schwangerschaftsübelkeit helfen.

Wermut

Wermut ist seit dem Mittelalter eine wichtige Pflanze im klösterlichen Kräutergarten. Er hat eine positive Wirkung auf alle Verdauungsprozesse, sollte aber nur in Maßen verarbeitet und genossen werden, da das darin enthaltene ätherische Öl leicht giftig ist und eine sinnverwirrende Wirkung haben kann.

Kümmel

Kümmel war in Ägypten schon vor 5000 Jahren als Gewürz bekannt. Er hat eine wohltuende Wirkung bei Blähungen und unterstützt die Verdauung, indem er die Durchblutung der Darmschleimhaut fördert.

Pfefferminze

Die in Europa heimische Pfefferminze regt die Galle an und wirkt auf den Magen-Darm-Trakt krampflösend. Ihre lindernde Wirkung bei einem „verdorbenen Magen" ist auf ihre antimikrobiellen und antiviralen Eigenschaften zurückzuführen. Ihr lateinischer Name *Mentha piperita* steht mit der griechischen Sagenwelt in Verbindung. Danach soll die Nymphe Minthe, Tochter des Kokytos und Geliebte des Hades, von Proserpina, der Göttin der Unterwelt, aus Eifersucht in diese Pflanze verwandelt worden sein.

Koriander

Koriander ist als frisches Kraut wie auch in Form seiner Samen einsetzbar. Erste Nachweise für seine Verwendung in Israel gehen bis in die Zeit um 6000 v. Chr. zurück. Koriander ist bei Magen-Darm-Beschwerden hilfreich und hat eine krampflösende und anregende Wirkung auf die Verdauungsorgane.

Gelber Enzian

Der Gelbe Enzian ist eine Gebirgspflanze, die bereits in der Antike als Heilpflanze geschätzt wurde. Die Pflanze blüht erst nach zehn Jahren – was fast zu ihrer Ausrottung geführt hat. Mittlerweile steht die Pflanze unter Naturschutz und darf nicht gesammelt werden, wird aber zum Einsatz in der Naturheilkunde angebaut. Die Wurzel des gelben Enzians wird als Heilmittel bei Appetitlosigkeit, Verdauungsbeschwerden und Blähungen verwendet.

Die hier vorgestellten Gewürze und Kräuter können einzeln oder zusammen zur Herstellung von Kräuterlikören eingesetzt werden. Im Allgemeinen sind alle aromatischen Krautpflanzen wie Thymian, Salbei, Rosmarin, Oregano, Majoran, Kamille, Estragon, Melisse und Gewürze wie Lorbeer, Anis, Fenchel oder Wacholderbeeren verwendbar.

Liköre

Cranberrylikör

Zutaten: für ca.  à 750 ml

200 g reife Cranberrys
150 g Kandiszucker
1 Stück Zitronenschale, unbehandelt
700 ml klarer Schnaps, z. B. Korn 32 Vol.-%

Zubereitung:

1. Die Cranberrys verlesen und waschen. Dabei grüne oder verdorbene Beeren entfernen.

2. Die reifen Früchte etwas andrücken. Mit dem Kandiszucker, der Zitronenschale und dem Korn in ein sauberes Glasgefäß mit weiter Öffnung füllen.

3. Gut verschlossen an einem dunklen, nicht zu kühlen Ort ca. 6 Wochen ziehen lassen. Das Gefäß ab und zu schwenken.

4. Eine Flasche gründlich mit heißem Wasser reinigen und trocknen lassen.

5. Ein Sieb mit einem Tuch auslegen und in eine Schüssel hängen. Den Likör in das Sieb schütten und filtern.

6. Den Likör in die vorbereitete Flasche abfüllen und diese gut verschließen.

Interessant!

Cranberrys wirken antibakteriell, beugen Blasenentzündungen vor und stecken voller wertvoller Vitamine und Mineralstoffe.

Erdbeerlikör

Zutaten: für ca. 🍾🍾🍾🍾 à 250 ml

1 kg Erdbeeren
750 g Zucker
500 ml Korn, ca. 32 Vol.-%

Zubereitung:

1. Die Erdbeeren waschen, putzen, grob schneiden und in einen Topf geben. Mit Wasser bedecken und aufkochen lassen.

2. Vom Herd nehmen und etwa 10 Minuten ziehen lassen.

3. Ein Sieb mit einem Tuch auslegen und in eine Schüssel hängen. Den Saft in das Sieb schütten und filtern.

4. Den Zucker im Saft auflösen und dann den Korn einrühren.

5. Die Flaschen gründlich mit heißem Wasser reinigen und trocknen lassen.

6. Den Likör in die vorbereiteten Flaschen füllen und diese gut verschließen.

7. Vor dem Genuss ca. 2 Wochen bei Zimmertemperatur und dunkel aufbewahren.

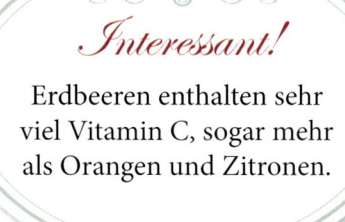

Interessant!

Erdbeeren enthalten sehr viel Vitamin C, sogar mehr als Orangen und Zitronen.

Himbeerlikör

Zutaten: für ca. 3 à 250 ml

500 g Himbeeren
200 g Kandis
200 g Zucker
1 Vanilleschote
500 ml Korn, ca. 32 Vol.-%

Zubereitung:

1. Die Himbeeren verlesen. Den Kandiszucker mit 100 ml heißem Wasser begießen und darin vollständig auflösen. Die Lösung abkühlen lassen und den Zucker einrühren.

2. Die Vanilleschote aufschlitzen und in ein sauberes Glasgefäß mit weiter Öffnung (z. B. eine Karaffe mit weitem Hals) geben. Die Himbeeren hinzufügen und mit dem Korn auffüllen.

3. Das Gefäß gut verschließen und etwa 2 Wochen an einem dunklen, warmen Ort stehen lassen.

4. Die Flaschen gründlich mit heißem Wasser reinigen und trocknen lassen.

5. Ein Sieb mit einem Tuch auslegen und in eine Schüssel hängen. Den Likör in das Sieb schütten und filtern.

6. Den Likör in die vorbereiteten Flaschen füllen und diese gut verschließen.

7. Vor dem Genuss ca. 4 weitere Wochen ziehen lassen.

Apfelbeerenlikör

Zutaten: für ca.  à 500 ml

200 g Apfelbeeren
400 g Zucker
1 l Obstler, ca. 38 Vol.-%

Zubereitung:

1. Die Apfelbeeren waschen und verlesen.

2. In einen Topf geben und mit dem Zucker aufkochen.

3. Die Beeren pürieren und abkühlen lassen.

4. Die Mischung in ein sauberes Glasgefäß mit weiter Öffnung füllen und mit dem Obstler aufgießen. Das Gefäß gut verschließen.

5. Für 4–5 Wochen an einem warmen Ort ziehen lassen.

6. Die Flaschen gründlich mit heißem Wasser reinigen und trocknen lassen.

7. Ein Sieb mit einem Tuch auslegen und in eine Schüssel hängen. Den Likör in das Sieb schütten und filtern.

8. Den Likör in die vorbereiteten Flaschen füllen und diese gut verschließen.

9. Vor dem Genuss ca. 6 Wochen reifen lassen.

Interessant!

Die Apfelbeere reift zwischen August und Oktober und kann im Dampfentsafter zu Saft verarbeitet oder getrocknet ähnlich wie Rosinen verwendet werden.

Brombeerlikör

Zutaten: für ca.  à 750 ml

350 g Brombeeren
200 g Zucker
1 Zimtstange
700 ml Rum, ca. 54 Vol.-%

Zubereitung:

1. Die Brombeeren gründlich verlesen.

2. Mit dem Zucker und dem Zimt in ein sauberes Glasgefäß mit weiter Öffnung geben. Mit dem Rum übergießen und fest verschließen.

3. Ca. 5 Wochen an einem dunklen und kühlen Ort ziehen lassen. Das Gefäß ab und zu schwenken.

4. Eine Flasche gründlich mit heißem Wasser reinigen und trocknen lassen.

5. Ein Sieb mit einem Tuch auslegen und in eine Schüssel hängen. Den Likör in das Sieb schütten und filtern.

6. Den Likör in die vorbereitete Flasche füllen und diese fest verschließen.

7. Vor dem Genuss ca. 6 Wochen ziehen lassen.

Schwarzer Johannisbeerlikör

Interessant!

Die Schwarze Johannisbeere wird auch Ahlbeere, Gichtbeere, Bocksbeere oder Wanzenbeere genannt. Sie ist ein ausgezeichneter Vitamin-C-Lieferant.

Zutaten: für ca. à 750 ml

200 g Schwarze Johannisbeeren
150 g brauner Kandiszucker
700 ml Rum, ca. 40 Vol.-%

Zubereitung:

1. Die Beeren waschen, abzupfen und abtropfen lassen.

2. Mit dem Zucker und dem Rum in ein sauberes Glasgefäß mit weiter Öffnung geben. Fest verschließen und an einem warmen Ort ca. 6 Wochen ziehen lassen. Ab und zu schütteln, damit sich der Zucker gut auflöst.

3. Eine Flasche gründlich mit heißem Wasser reinigen und trocknen lassen.

4. Ein Sieb mit einem Tuch auslegen und in eine Schüssel hängen. Den Likör in das Sieb schütten und filtern.

5. Den Likör in die vorbereitete Flasche füllen.

6. Vor dem Genuss 1 weitere Woche ziehen lassen.

Vogelbeerlikör

Zutaten: für ca.  à 500 ml

200 g reife Vogelbeeren
100 g Kandiszucker
500 ml Korn, ca. 32 Vol.-%

Zubereitung:

1. Die Vogelbeeren waschen, von den Dolden streifen und unreife Beeren aussortieren.

2. Eine Flasche gründlich mit heißem Wasser reinigen und trocknen lassen.

3. Die Beeren, den Kandiszucker und den Korn in die Flasche geben. Diese fest verschließen. An einem dunklen, nicht zu kühlen Ort ca. 8 Wochen ziehen lassen. Die Flasche ab und zu schwenken, damit sich der Zucker vollständig löst. Die Beeren können im Likör verbleiben.

Wussten Sie ...

... dass Vogelbeeren entgegen häufiger Annahme nicht giftig sind? Sie enthalten jedoch Parasorbinsäure, welche Magenbeschwerden verursachen kann.

Holunderbeerlikör

Zutaten: für ca.  à 750 ml

300 g reife Holunderbeeren
150 g Kandiszucker
700 ml Wodka, ca. 40 Vol.-%

Zubereitung:

1. Die Holunderbeeren waschen, von den Dolden streifen und gut abtropfen lassen. Unreife Beeren auslesen.

2. Die Beeren, den Kandiszucker und den Wodka in ein sauberes Glasgefäß mit weiter Öffnung füllen und dieses gut verschließen.

3. Für ca. 8 Wochen an einen dunklen, nicht zu kühlen Ort stellen und ab und zu schwenken.

4. Eine Flasche gründlich mit heißem Wasser reinigen und trocknen lassen.

5. Ein Sieb mit einem Tuch auslegen und in eine Schüssel hängen. Den Likör in das Sieb schütten und filtern. In die vorbereitete Flasche füllen.

Holunderblütenlikör

Zutaten: für ca. à 500 ml

2 Handvoll Holunderblüten
1 Zitrone, unbehandelt
400 g Zucker
500 ml Weingeist

Zubereitung:

1. Die Holunderblüten nicht waschen, sondern nur schütteln und verlesen. Die Zitrone heiß abwaschen und in Scheiben schneiden.

2. Den Zucker in einen Topf geben und mit 500 ml Wasser langsam unter Rühren aufkochen. Ca. 10 Minuten köcheln lassen und anschließend abkühlen lassen.

3. Die Holunderblüten, den Weingeist und die Zitronenscheiben zugeben und in einen großen Topf oder Eimer füllen. Abgedeckt ca. 2 Tage ziehen lassen.

4. Die Flaschen gründlich mit heißem Wasser reinigen und trocknen lassen.

5. Ein Sieb mit einem Tuch auslegen und in einen Eimer hängen. Den Likör in das Sieb schütten und filtern.

6. Den Likör in die vorbereiteten Flaschen füllen und diese fest verschließen. Kühl und dunkel aufbewahren.

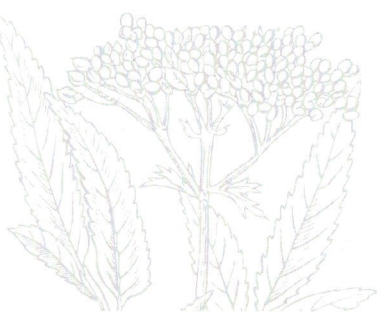

Kirschlikör

Zutaten: für ca.  à 250 ml

500 g Kirschen
½ Zimtstange
250 ml Korn, ca. 32 Vol.-%
150 g Zucker

Zubereitung:

1. Die Kirschen waschen, trocken tupfen und mit einer Nadel mehrmals die Haut einstechen, sodass der Alkohol besser aufgenommen werden kann. Ein Einmachglas mit heißem Wasser gründlich reinigen und trocknen. Die Kirschen in das Glas füllen und die zerkleinerte Zimtstange dazugeben.

2. Den Korn darübergießen.

3. Den Zucker mit 150 ml Wasser aufkochen, bis sich der Zucker vollständig gelöst hat. Die Lösung abkühlen lassen und ebenfalls in das Glas geben. Gut verschließen und an einem kühlen Ort 3–4 Wochen ziehen lassen.

4. Die Flaschen gründlich mit heißem Wasser reinigen und trocknen lassen.

5. Den Likör durch ein Sieb in die Flaschen füllen und diese fest verschließen.

Und noch eine Idee ...

Die übrig gebliebenen Kirschen können zu Vanilleeis oder Pudding gereicht werden. Dazu sollten die Früchte aber vor dem Einlegen entsteint werden.

1.

2.

3.

4.

Kirsch-Aprikosen-Likör

Achtung!

Das Aroma von vollreif gepflückten Aprikosen ist ausgezeichnet, jedoch verderben sie sehr schnell. Zu früh geerntete Früchte reifen nicht nach und schmecken fad.

Zutaten: für ca. 🍾 à 750 ml

400 g Aprikosen
400 g Kirschen
400 ml trockener Weißwein
250 g Zucker
200 ml Kirschgeist, ca. 42 Vol.-%

Zubereitung:

1. Die Aprikosen und die Kirschen waschen und entsteinen.

2. Die Früchte mit dem Wein, 100 ml Wasser und dem Zucker unter Rühren aufkochen. Etwa 5 Minuten kochen lassen und anschließend vom Herd nehmen. Den Ansatz abkühlen lassen.

3. Den Kirschgeist dazugießen und alles in ein sauberes Glasgefäß mit weiter Öffnung füllen.

4. Gut verschließen und 5 Tage an einem dunklen, kühlen Ort ziehen lassen.

5. Eine Flasche oder Karaffe gründlich mit heißem Wasser reinigen und trocknen lassen.

6. Ein Sieb mit einem Tuch auslegen und in eine Schüssel hängen. Den Likör in das Sieb schütten und filtern.

7. Den Likör in die vorbereitete Flasche füllen und diese fest verschließen.

Kirsch-Walderdbeer-Likör

Zutaten: für ca.  à 500 ml

100 g Walderdbeeren
100 g Kirschen
150 g Zucker
½ Zimtstange
500 ml Korn, ca. 32 Vol.-%

Zubereitung:

1. Die Walderdbeeren und die Kirschen waschen, verlesen und trocken tupfen. Die Haut der Kirschen mehrmals mit einer Nadel einstechen, sodass der Alkohol besser aufgenommen werden kann.

2. Zwei Einmachgläser gründlich mit heißem Wasser reinigen und trocknen lassen.

3. Die Früchte zusammen mit dem Zucker und der Zimtstange auf die Gläser verteilen und mit dem Korn auffüllen.

4. Gut verschließen und an einem kühlen Ort 3–4 Wochen ziehen lassen.

5. Die Gläser ab und zu etwas schütteln, damit sich der Zucker gut auflöst. Der Likör kann im Anschluss an die Ziehzeit ganz oder nur teilweise gefiltert und in eine saubere Flasche umgefüllt werden.

Pflaumen-Birnen-Likör

Zutaten: für ca.  à 500 ml

500 g reife, blaue Pflaumen
500 g reife Birnen
1 Zitrone, unbehandelt
1 Vanilleschote
2 Zimtstangen
650 ml Wodka, ca. 40 Vol.-%
250 ml trockener Weißwein
700 g Zucker

Zubereitung:

1. Die Pflaumen waschen, halbieren und entsteinen. Die Birnen ebenfalls waschen, vierteln, vom Kerngehäuse befreien und in dünne Scheiben schneiden. Die Zitrone heiß abwaschen und die Schale spiralenförmig abschneiden. Die Vanilleschote der Länge nach aufschlitzen.

2. Die Früchte zusammen mit den Gewürzen, dem Wodka, der Zitronenschale und dem Weißwein in ein großes, sauberes Glasgefäß mit weiter Öffnung geben.

3. Den Zucker mit 550 ml Wasser zum Kochen bringen und so lange kochen, bis sich der Zucker vollständig aufgelöst hat und die Flüssigkeit klar ist.

4. Den Sirup mit in das Gefäß gießen, alles gut verrühren und zugedeckt an einem kühlen, dunklen Ort 2 Wochen ziehen lassen.

5. Ein Sieb mit einem Tuch auslegen und in eine Schüssel hängen. Den Likör durch das Sieb schütten und filtern.

6. In zuvor mit heißem Wasser gereinigte und getrocknete Flaschen füllen. Den Likör 2 weitere Wochen kühl und dunkel lagern.

Aprikosenlikör

Zutaten: für ca.  à 750 ml

1 kg reife Aprikosen
2 EL Honig
½ TL Zimt
2 Gewürznelken
1 Sternanis
500 ml Weingeist
200 g Zucker

Zubereitung:

1. Die Aprikosen waschen, halbieren und entsteinen. 4 Steine mit einem Hammer aufschlagen, die inneren Kerne entnehmen und hacken.

2. Die Aprikosen klein würfeln und mit dem Honig, den gehackten Innenkernen und den Gewürzen aufkochen. Etwa 5 Minuten kochen lassen und zerstampfen. Abkühlen lassen und in ein sauberes Einmachglas oder Ähnliches füllen.

3. Den Weingeist dazugießen und gut verschlossen ca. 6 Wochen an einem dunklen Ort ziehen lassen.

4. Die Flaschen gründlich mit heißem Wasser reinigen und trocknen lassen.

5. Ein Sieb mit einem Tuch auslegen und in eine Schüssel hängen. Den Ansatz in das Sieb schütten und durch das Tuch passieren.

6. Den Fruchtrückstand mit 250 ml Wasser aufkochen und nochmals durch ein Sieb in einen zweiten Topf passieren.

7. Den Zucker zum Aprikosensud geben und erneut aufkochen. Vom Herd nehmen, abkühlen lassen und den Liköransatz zugießen. In die vorbereiteten Flaschen abfüllen.

Limoncello

Zutaten: für ca.  à 500 ml

10 Zitronen, unbehandelt
1 l Weingeist
1 kg Zucker

Zubereitung:

1. Die Zitronen heiß überbrühen und trocken reiben. Die Schale ohne die weiße Haut mit einem scharfen Messer abschneiden.

2. Die Schalen zusammen mit dem Weingeist in einem sauberen Glasgefäß gut verschlossen ca. 10 Tage ziehen lassen.

3. 1 l Wasser mit dem Zucker aufkochen und etwa 10 Minuten köcheln lassen. Vom Herd nehmen.

4. Die Zitronenschalen aus dem Alkohol nehmen, in den Sirup geben und 2 Tage zugedeckt ziehen lassen.

5. Die Flaschen gründlich mit heißem Wasser reinigen und trocknen lassen.

6. Den Sirup durch ein Tuch passieren und mit dem Alkohol vermischen.

7. In die vorbereiteten Flaschen füllen, gut verschließen und kühl lagern.

8. Der Limoncello kann bereits nach 2 Tagen serviert werden.

Wussten Sie ...

... dass Limoncello im Gefrierfach aufbewahrt und eiskalt getrunken wird?

Orangen-Kaffee-Likör

Zutaten: für ca.  à 750 ml

2 Orangen, unbehandelt
ca. 20 Kaffeebohnen
150 g brauner Zucker
700 ml Wodka, ca. 40 Vol.-%

Zubereitung:

1. Die Orangen heiß abwaschen und trocken reiben. Die Schale ohne die weiße Haut abschneiden und anschließend eventuelle Hautreste sorgfältig entfernen.

2. Das Fruchtfleisch würfeln und mit der Schale, den Kaffeebohnen und dem Zucker in ein sauberes Glasgefäß mit weiter Öffnung füllen. Den Wodka darübergießen und das Gefäß fest verschließen.

3. 4–5 Wochen ziehen lassen und das Gefäß gelegentlich schwenken.

4. Eine Flasche oder Karaffe gründlich mit heißem Wasser reinigen und trocknen lassen.

5. Ein Sieb mit einem Tuch auslegen und in eine Schüssel hängen. Den Likör in das Sieb schütten und filtern.

6. Den Likör in die vorbereitete Flasche füllen. Vor dem Servieren noch weitere 3–4 Tage ruhen lassen.

Interessant!

Bis Mitte des letzten Jahrhunderts wurde die Orange vor allem im Norden und Osten Deutschlands „Apfelsine" genannt. Inzwischen hat sich der Name „Orange" überall durchgesetzt.

Orangenlikör mit Zitronenmelisse

Zutaten: für ca.  à 500 ml

6 Orangen, unbehandelt
1 Handvoll Zitronenmelisseblätter
1 l Weinbrand
500 g weißer Kandiszucker

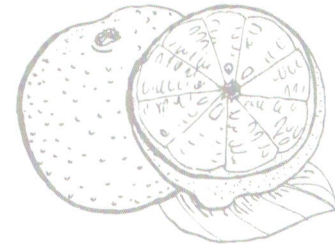

Zubereitung:

1. Die Orangen unter heißem Wasser abwaschen, trocken reiben und in Scheiben schneiden.

2. Die Zitronenmelisseblätter ebenfalls waschen und mit Küchenkrepp trocken tupfen.

3. Die Orangenscheiben und die Melisse in große, saubere Einweckgläser geben und mit Weinbrand auffüllen.

4. Die Gläser fest verschließen und für ca. 2 Wochen an einem hellen Ort lagern.

5. Den Zucker mit 500 ml Wasser ca. 10 Minuten einkochen lassen. In die Gläser füllen und gut umrühren.

6. Den Ansatz für weitere 3 Wochen stehen lassen und regelmäßig schütteln.

7. Die Flaschen gründlich mit heißem Wasser reinigen und trocknen lassen.

8. Ein Sieb mit einem Tuch auslegen und in eine Schüssel hängen. Den Likör in das Sieb schütten und filtern.

9. Den Likör in die vorbereiteten Flaschen füllen, diese fest verschließen und an einem dunklen, kühlen Ort lagern.

Interessant!

Zitronenmelisse ist ein traditioneller Bestandteil von in Klöstern hergestellten Pflanzen- und Kräuterlikören. Melisse wirkt appetitanregend und magenberuhigend.

Clementinenlikör

Zutaten: für ca.  à 750 ml

500 g Clementinen, unbehandelt
250 g Zucker
1 Vanilleschote
1 TL Kaffeepulver
700 ml Wodka

Zubereitung:

1. Die Clementinen heiß abwaschen und gründlich abtrocknen. Die Schale so dünn wie möglich ohne die weiße Haut abschneiden. Die Schalen in schmale Streifen schneiden und in eine Schüssel geben.

2. Von den Früchten die weiße Haut entfernen und die Früchte in einzelne Segmente teilen. Zu den Schalen geben und mit dem Zucker bestreuen.

3. Die Vanilleschote längs aufschlitzen und das Mark herausschaben. Das Vanillemark und den Kaffee zu den Clementinen geben. Alles mit einem Stampfer andrücken und so lange stehen lassen, bis der Zucker sich aufgelöst hat. Gelegentlich umrühren.

4. Die Mischung in ein entsprechend großes, sauberes Glasgefäß mit weiter Öffnung geben. Den Wodka darübergießen und das Gefäß fest verschließen.

5. Den Ansatz an einem dunklen und nicht zu kühlen Ort ca. 2 Monate ziehen lassen. Dabei hin und wieder kräftig schütteln.

6. Eine Flasche gründlich mit heißem Wasser reinigen und trocknen lassen.

7. Ein Sieb mit einem Tuch auslegen und in eine Schüssel hängen. Den Likör in das Sieb schütten und filtern.

8. Den Likör in die vorbereitete Flasche füllen.

Und noch eine Idee …
Besonders fruchtig schmeckt dieser Likör, wenn man ihn auf Eiswürfeln mit Clementinenscheiben und Minze garniert serviert.

Kumquatlikör

Zutaten: für ca.  à 300 ml

300 g Zucker
300 g Kumquats
1 Vanilleschote
500 ml weißer Rum, ca. 40 Vol.-%

Zubereitung:

1. Den Zucker mit 150 ml Wasser aufkochen und unter Rühren ca. 5 Minuten kochen lassen, bis sich der Zucker gelöst hat. Anschließend abkühlen lassen.

2. Die Kumquats überbrühen, trocken tupfen und in Scheiben schneiden. Zusammen mit der aufgeschlitzten Vanilleschote, dem Zuckersirup und dem Rum in ein sauberes Glasgefäß mit weiter Öffnung füllen. Gut verschlossen 4–5 Wochen ziehen lassen.

3. Die Flaschen gründlich mit heißem Wasser reinigen und trocknen lassen.

4. Ein Sieb mit einem Tuch auslegen und in eine Schüssel hängen. Den Likör in das Sieb schütten und filtern.

5. Den Likör in die vorbereiteten Flaschen füllen.

6. Die Flaschen fest verschließen und vor dem Servieren weitere 4–5 Tage ziehen lassen.

Interessant!

Die Kumquat, wegen ihrer Größe auch Zwergorange oder Zwergpomeranze genannt, kann mit Schale und Kern verzehrt werden.

Rhabarberlikör

Zutaten: für ca. ▮▮ à 500 ml

500 g Rhabarber
200 ml trockener Weißwein
350 g weißer Kandiszucker
2 Vanilleschoten
500 ml Korn, ca. 32 Vol.-%

Zubereitung:

1. Den Rhabarber waschen und putzen.

2. Die Hälfte des Rhabarbers in Stücke schneiden und mit dem Wein, 100 ml Wasser und der Hälfte des Zuckers aufkochen. Unter gelegentlichem Rühren etwa 10 Minuten kochen lassen. Anschließend abgießen und durch ein Sieb passieren.

3. Den restlichen Rhabarber ebenfalls in Stücke schneiden.

4. Mit den längs aufgeschlitzten Vanilleschoten und dem restlichen Zucker in ein sauberes Einmachglas füllen. Den Korn darübergießen und mit dem Rhabarbersirup auffüllen.

5. Gut verschlossen ca. 5 Wochen an einem dunklen, kühlen Ort ziehen lassen. Währenddessen ab und zu schütteln.

6. Die Flaschen gründlich mit heißem Wasser reinigen und trocknen.

7. Ein Sieb mit einem Tuch auslegen und in eine Schüssel hängen. Den Likör in das Sieb schütten und filtern.

8. Den Likör in die vorbereiteten Flaschen füllen. Vor dem Servieren noch 2–3 weitere Tage ziehen lassen.

1.

2.

3.

Quittenlikör

Zutaten: für ca. à 500 ml

500 g Quitten
1 Zitrone, unbehandelt
400 g Zucker
1 l Wodka, ca. 40 Vol.-%

Zubereitung:

1. Die Quitten waschen, abreiben und in Stücke schneiden. Die Zitrone heiß abwaschen, trocken reiben und die Schale ohne die weiße Haut abschneiden.

2. Den Zucker mit den Quitten und der Zitronenschale in ein sauberes Glasgefäß mit weiter Öffnung geben. Den Wodka darübergießen und das Gefäß fest verschließen.

3. Den Ansatz etwa 2 Wochen kühl und dunkel ruhen lassen. Das Gefäß regelmäßig schwenken, damit sich der Zucker vollständig löst.

4. Die Flaschen gründlich mit heißem Wasser reinigen und trocknen lassen.

5. Ein Sieb mit einem Tuch auslegen und in eine Schüssel hängen. Den Likör in das Sieb schütten und filtern.

6. Den Likör in die vorbereiteten Flaschen füllen.

Hagebuttenlikör

Zutaten: für ca.  à 500 ml

1 kg frische Hagebutten
300 g brauner Zucker
½ Zimtstange
4 Nelken
Schale von ½ Zitrone, unbehandelt
Schale von ½ Orange, unbehandelt
1,5 l Weinbrand

Zubereitung:

1. Die Hagebutten waschen und trocknen. Die Stängel und die Blütenansätze abschneiden und die Hagebutten in eine große Schüssel geben.

2. Den Zucker darüberstreuen, alles gut vermischen und über Nacht an einem kühlen Ort durchziehen lassen.

3. Die Mischung langsam und vorsichtig in eine bauchige Flasche oder ein größeres, sauberes Glasgefäß füllen. Die Gewürze sowie die Zitronen- und Orangenschale dazugeben.

4. Den Weinbrand darübergießen und das Gefäß gut verschließen. An einem hellen Ort ca. 2 Monate ziehen lassen.

5. Die Flaschen gründlich mit heißem Wasser reinigen und trocknen lassen.

6. Ein Sieb mit einem Tuch auslegen und in eine Schüssel hängen. Den Likör in das Sieb schütten und filtern. Mithilfe des Tuches noch die restliche Flüssigkeit aus den Früchten drücken.

7. Den Likör in die vorbereiteten Flaschen oder Karaffen füllen. Nochmals 4 Wochen lang an einem kühlen Ort ziehen lassen.

Schlehenlikör

Die Schlehe ist ein für die Tiere sehr wichtiger Wurzelstrauch. Sie dient vielen Schmetterlingen als Nektarquelle. Ihre Blätter sind für einige Schmetterlingsraupen eine wichtige Futterpflanze. Gegen größere Pflanzenfresser schützt sie sich jedoch mit ihren Dornen. Schlehen sollen nach dem ersten Frost geerntet werden, da die bitter schmeckenden Gerbstoffe durch Kälte zerstört werden. Alternativ kann man die Früchte für einige Tage im Gefrierschrank lagern.

Zutaten: für ca. 🍷🍷 à 750 ml

1 kg Schlehen, nach dem ersten Frost geerntet
500 g brauner Kandiszucker
1 Zimtstange
1 Vanilleschote
1,5 l Gin, ca. 38 Vol.-%

Zubereitung:

1. Die Schlehen verlesen, waschen und trocken tupfen. In einen großen Topf geben und mit kochendem Wasser übergießen, sodass die Schlehen gerade bedeckt sind. Diesen Ansatz über Nacht stehen lassen.

2. Am nächsten Tag sind die Schlehen durch die Wasseraufnahme geplatzt. Das übrige Wasser abgießen.

3. Die Früchte schichtweise mit dem Kandis in eine große Schüssel geben und noch einmal über Nacht stehen lassen, damit sich der Zucker auflösen kann.

4. Den Ansatz zusammen mit der Zimtstange und der aufgeschlitzten Vanilleschote in ein sauberes, ausreichend großes Glasgefäß (am besten einen Glasballon) geben und mit dem Gin auffüllen.

5. Das Gefäß fest verschließen und 4–6 Wochen ziehen lassen. In dieser Zeit bekommt die Flüssigkeit eine tief karminrote Farbe.

6. Die Flaschen gründlich mit heißem Wasser reinigen und trocknen lassen.

7. Ein Sieb mit einem Tuch auslegen und in eine Schüssel hängen. Den Likör in das Sieb schütten und filtern.

8. Den Likör in die vorbereiteten Flaschen füllen.

Rosenblätterlikör

Zutaten: für ca.  à 500 ml

3 Handvoll essbare Rosenblütenblätter, rot
500 ml Doppelkorn, ca. 38 Vol.-%
500 g Zucker

Zubereitung:

1. Die Rosenblätter in ein vorbereitetes sauberes Glasgefäß geben und mit dem Korn auffüllen.

2. Das Gefäß fest verschließen und kühl und dunkel ca. 2 Wochen lagern.

3. Aus 500 ml Wasser und dem Zucker einen Sirup kochen und erkalten lassen.

4. Die Flaschen gründlich mit heißem Wasser reinigen und trocknen lassen.

5. Ein Sieb mit einem Tuch auslegen und in eine Schüssel hängen. Den Blütenansatz in das Sieb schütten und filtern.

6. Den Blütenansatz mit dem Sirup mischen und in die vorbereiteten Flaschen füllen.

7. Vor dem Servieren ca. 2 weitere Wochen ruhen lassen.

Kaffeelikör

Zutaten: für ca.  à 500 ml

400 g brauner Zucker
500 ml Rum, ca. 54 Vol.-%
1 Orange, unbehandelt
50 g Kaffeebohnen, frisch gemahlen

Zubereitung:

1. Den Zucker mit 400 ml Wasser ca. 15 Minuten kochen und anschließend abkühlen lassen.

2. Die Schale der Orange ohne die weiße Haut spiralförmig abschälen. Die Kaffeebohnen mahlen.

3. Den Rum mit dem Sirup vermischen und in ein sauberes Glasgefäß mit weiter Öffnung füllen. Die Orangenschale und den Kaffee hinzufügen.

4. Das Gefäß fest verschließen und den Ansatz ca. 1 Woche ziehen lassen.

5. Die Flaschen gründlich mit heißem Wasser reinigen und trocknen lassen.

6. Ein Sieb mit einem Tuch auslegen und in eine Schüssel hängen. Den Likör in das Sieb schütten und filtern.

7. Den Likör in die vorbereiteten Flaschen füllen.

Walnusslikör

Zutaten: für ca.  à 500 ml

25–30 unreife grüne Walnüsse
500 ml Cognac, ca. 40 Vol.-%
2–3 Gewürznelken
1 Zimtstange
350 g brauner Kandiszucker

Zubereitung:

1. Die Nüsse waschen, vierteln und in ein sauberes Glasgefäß füllen. Dabei sollte mit Gummihandschuhen gearbeitet werden, da die Nüsse und die Schalen die Haut stark färben.

2. Den Cognac, die Nelken und den Zimt dazugeben. Das Gefäß gut verschließen und ca. 2 Monate an einem dunklen, warmen Ort ziehen lassen.

3. Die Flaschen gründlich mit heißem Wasser reinigen und trocknen lassen.

4. Ein Sieb mit einem Tuch auslegen und in eine Schüssel hängen. Den Ansatz in das Sieb schütten und filtern.

5. Den Kandiszucker mit 500 ml Wasser aufkochen und ca. 10 Minuten kochen lassen, bis sich der Zucker vollständig gelöst hat.

6. Die Zuckerlösung abkühlen lassen und mit dem gefilterten Ansatz vermischen. Den Likör in die vorbereiteten Flaschen füllen.

7. 2 Monate an einem kühlen und dunklen Ort lagern.

Walnusslikör mit Weißwein

Zutaten: für ca.  à 500 ml

150 g Walnusskerne
1 Zimtstange
4 Nelken
500 ml Doppelkorn, ca. 38 Vol.-%
400 ml trockener Weißwein
300 g brauner Zucker

Zubereitung:

1. Die Walnusskerne von der braunen Haut befreien und ohne Fett in einer Pfanne rösten, bis sie duften.

2. Die gerösteten Nusskerne in ein sauberes Einmachglas füllen, die Zimtstange und die Nelken dazugeben. Mit dem Doppelkorn auffüllen.

3. Das Glas fest verschließen und den Ansatz etwa 4 Wochen an einem dunklen Ort ziehen lassen.

4. Die Flaschen gründlich mit heißem Wasser reinigen und trocknen lassen.

5. Ein Sieb mit einem Tuch auslegen und in eine Schüssel hängen. Den Ansatz in das Sieb schütten und filtern.

6. Den Weißwein mit dem Zucker in einen Topf geben und aufkochen, bis sich der Zucker vollständig gelöst hat. Den Topf vom Herd nehmen und abkühlen lassen.

7. Den Nussansatz mit der Zucker-Wein-Lösung vermischen und in die vorbereiteten Flaschen füllen.

8. Vor dem Servieren ca. 1 weitere Woche kühl und dunkel lagern.

Haselnusslikör

Zutaten: für ca.  à 750 ml

200 g Haselnüsse, gehackt
250 ml Milch
4 Eigelb
250 g Zucker
100 g Zartbitterschokolade
100 ml süße Sahne
250 ml Korn, ca. 32 Vol.-%

Zubereitung:

1. Eine Flasche gründlich mit heißem Wasser reinigen und trocknen lassen.

2. Die Nüsse in einer Pfanne unter Rühren goldbraun rösten. Die Milch angießen und die Mischung etwa 10 Minuten köcheln lassen. Anschließend durch ein Sieb gießen.

3. Die Nussmilch mit den Eigelben und dem Zucker im heißen Wasserbad cremig rühren. Vom Herd nehmen.

4. Die Schokolade hacken und in der heißen Creme schmelzen lassen. Abkühlen lassen.

5. Die Sahne und den Korn unterrühren und den Likör in die vorbereitete Flasche füllen. Über Nacht im Kühlschrank ziehen lassen und servieren.

Tipp:

Achten Sie beim Kauf von Haselnüssen darauf, dass die Nüsse möglichst groß sind. Je größer die Nuss, desto schmackhafter der Kern.

Schokoladenlikör

Zutaten: für ca.  à 500 ml

250 g Zartbitterschokolade
500 ml süße Sahne
100 g Zucker
50 ml Nusslikör
200 ml Cognac, ca. 40 Vol.-%

Zubereitung:

1. Die Schokolade hacken. Mit der Sahne und dem Zucker in einen Topf geben und unter ständigem Rühren bei schwacher Hitze schmelzen. Anschließend abkühlen lassen.

2. Den Likör und den Cognac in die geschmolzene Schokolade einrühren und alles ca. 1 Tag im Kühlschrank ziehen lassen.

3. Die Flaschen gründlich mit heißem Wasser reinigen und trocknen lassen.

4. Die Mischung nochmals gut durchrühren, in die vorbereiteten Flaschen füllen und nach Belieben gut gekühlt servieren.

Achtung!

Liköre, die Milch und Sahne enthalten, sind bei kühler Lagerung ca. 2 Wochen haltbar.

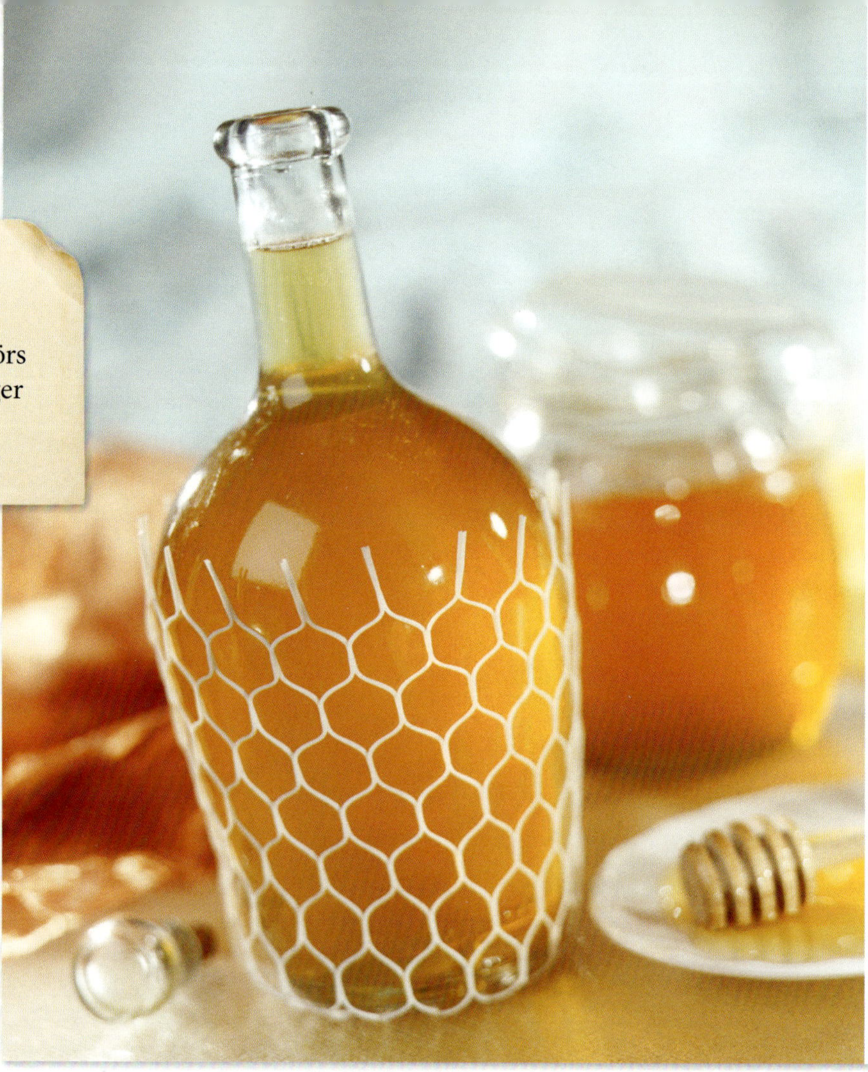

Honiglikör

Zutaten: für ca. 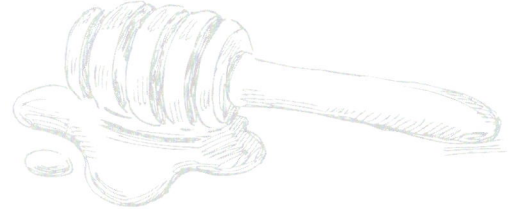 à 400 ml

½ Orange, unbehandelt
2–3 Gewürznelken
½ Zimtstange
250 g Zucker
300 g hochwertiger Bienenhonig
400 ml Brandy, ca. 38 Vol.-%

Zubereitung:

1. Die Schale der Orange abschälen. Die Nelken mit der Orangenschale, dem Zimt, dem Zucker und 300 ml Wasser aufkochen. Etwa 10 Minuten köcheln lassen und anschließend durch ein Sieb gießen.

2. Die Mischung mit dem Honig verrühren. Den Brandy dazugeben und alles gut vermischen.

3. Die Mischung in ein sauberes Glasgefäß füllen und fest verschließen. Ca. 4 Wochen ziehen lassen.

4. Die Flaschen gründlich mit heißem Wasser reinigen und trocknen lassen.

5. Den Likör in die vorbereiteten Flaschen füllen.

Waldmeisterlikör

Zutaten: für ca. 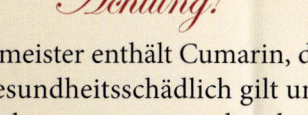 à 500 ml

350 g Zucker
1 Vanilleschote
1 Limette, unbehandelt
10–12 Stängel Waldmeister
700 ml Wodka, ca. 40 Vol.-%

Zubereitung:

1. Den Zucker mit 300 ml Wasser ca. 15 Minuten kochen. Anschließend abkühlen lassen.

2. Die Vanilleschote längs aufschlitzen. Die Limette heiß abwaschen, trocken reiben und in Scheiben schneiden. Den Waldmeister abbrausen und trocken tupfen.

3. Den Waldmeister, die Limettenscheiben und die Vanille in ein sauberes Glasgefäß mit weiter Öffnung füllen.

4. Den Zuckersirup und den Wodka darübergießen und das Gefäß fest verschließen.

5. Den Ansatz ca. 3 Wochen ziehen lassen.

6. Die Flaschen gründlich mit heißem Wasser reinigen und trocknen lassen.

7. Ein Sieb mit einem Tuch auslegen und in eine Schüssel hängen. Den Likör in das Sieb schütten und filtern.

8. Anschließend erneut filtern und in die vorbereiteten Flaschen abfüllen.

9. Den Likör auf Eis servieren.

Achtung!

Waldmeister enthält Cumarin, das als gesundheitsschädlich gilt und Kopfschmerzen verursachen kann. Er sollte deshalb nur in geringen Mengen konsumiert werden.

Eierlikör

Zutaten: für ca. ▮ à 750 ml

5 Eigelb
125 g Zucker
2 EL Vanillezucker
350 ml Milch
250 ml Weinbrand oder Rum, ca. 54 Vol.-%

Zubereitung:

1. Eine Flasche oder Karaffe gründlich mit heißem Wasser reinigen und trocknen lassen.

2. Die Eigelbe mit dem Zucker und dem Vanillezucker in eine Metallschüssel geben und verrühren.

3. Die Milch hinzufügen und im heißen Wasserbad cremig rühren, bis die Mischung andickt.

4. Nach und nach den Weinbrand unterrühren. Den Eierlikör abkühlen lassen.

5. Durch ein feines Sieb in die Flasche oder die Karaffe abfüllen. Fest verschließen und bis zum Verzehr in den Kühlschrank stellen.

Die Herkunft des Eierlikörs

Die Idee für den Eierlikör entstand aus der Not heraus und geht eigentlich auf ein exotisches Rezept indianischen Ursprungs zurück. Die Ureinwohner Brasiliens stellten ein alkoholisches Getränk aus dem gelblich-grünen und butterweichen Fruchtfleisch der Avocado her, das in der neuen Welt als „Abacate" bekannt war. Als die holländischen und portugiesischen Kolonisten damit in Kontakt kamen, hatten sie die Idee, dieses Getränk mit Rohrzucker und Rum zu verfeinern. Es entstand eine Art Avocadoschnaps, dem sie den Namen „Advocaat" gaben, dem niederländischen Wort für „Avocado". Als die Holländer Brasilien 1654 verlassen mussten, nahmen sie dieses Rezept mit nach Europa. In Ermangelung von Avocados, die im kühleren Europa nicht gedeihen, wurde Eigelb zugefügt. Es war Eugen Verpoorten, der dieses Rezept dann später entwickelte,

um dem Getränk eine vergleichbar samtige Farbe (wenn auch gelb und nicht grün) und eine ähnliche, cremige Konsistenz zu verleihen. Natürlich ist sein genaues Rezept ein wohlgehütetes Geheimnis.

Auch heute noch ist die Avocado keine Pflanze, die in Europa gedeiht und in größeren Mengen angebaut werden kann. Jedoch sind diese exotischen Früchte mittlerweile überall im Handel erhältlich. Warum soll man nicht mal den Weg zurückgehen und das Eigelb durch das Fruchtfleisch der Avocado ersetzen? Hier ist ein Rezept:

Abacate (Avocado-Likör)

Zutaten für ca. 1 Flasche à 400 ml:
1 reife Avocado, ohne Druckstellen
150 ml süße Sahne
100 g Zucker
200 ml weißer Rum, ca. 40 Vol.-%

Zubereitung:
1. Eine Flasche gründlich mit heißem Wasser reinigen und trocknen lassen.

2. Die Avocado in der Mitte aufschneiden und den Kern herausdrehen. Das Fluchtfleisch von der Schale befreien, in einen hohen Behälter geben und mit dem Pürierstab fein pürieren.

3. Die Sahne mit dem Zucker vermischen und gut verrühren, bis sich der Zucker gelöst hat. Das Avocadofruchtfleisch dazugeben und den Rum angießen. Alles sorgfältig verrühren.

4. Den Likör in die vorbereitete Flasche füllen, fest verschließen und bis zum Verzehr in den Kühlschrank stellen.

Tipp:
Gekühlt und dunkel gelagert hält sich der Eierlikör ca. 1 Woche.

Safranlikör

Zutaten: für ca.  à 500 ml

100 ml Rohrzuckersirup
4–5 Gewürznelken
1 TL Korianderfrüchte
1 Zimtstange
1 Döschen Safranpulver, 0,1 g
1 Prise Muskat, frisch gerieben
400 ml Ouzo, ca. 40 Vol.-%

Zubereitung:

1. Den Rohrzuckersirup mit den Nelken, dem Koriander, dem Zimt, dem Safran und dem Muskat in ein sauberes Glasgefäß mit weiter Öffnung füllen.

2. Den Ouzo dazugießen und alles gut vermischen.

3. Das Gefäß fest verschließen und ca. 1 Woche ziehen lassen.

4. Eine Flasche gründlich mit heißem Wasser reinigen und trocknen lassen.

5. Ein Sieb mit einem Tuch auslegen und in eine Schüssel hängen. Den Likör in das Sieb schütten und filtern.

6. Den Likör in die vorbereitete Flasche füllen.

Wussten Sie …

… dass Safran zu den teuersten Gewürzen der Welt gehört? Die zarten Blütenstempel müssen in Handarbeit gepflückt werden.

Engelwurzlikör

Zutaten: für ca.  à 800 ml

50 g getrocknete Engelwurz (Wurzel)
40 g getrocknete Aprikosen
½ Zimtstange
3–4 Pimentkörner
½ TL Fenchelsamen
400 ml Wodka, ca. 40 Vol.-%
250 g Zucker
einige Tropfen grüne Lebensmittelfarbe

Zubereitung:

1. Die Engelwurz und die Aprikosen fein hacken.

2. Mit dem Zimt, dem Piment, dem Fenchel und dem Wodka in ein sauberes Glasgefäß füllen.

3. Das Gefäß fest verschließen und 2–3 Wochen an einem kühlen und dunklen Ort ziehen lassen.

4. Den Zucker mit 400 ml Wasser ca. 15 Minuten kochen und abkühlen lassen.

5. Eine Flasche gründlich mit heißem Wasser reinigen und trocknen lassen.

6. Ein Sieb mit einem Tuch auskleiden und in eine Schüssel hängen. Den Ansatz in das Sieb schütten und filtern. Den Ansatz mit dem Sirup mischen.

7. Mit der Lebensmittelfarbe in gewünschter Farbintensität einfärben.

8. Den Likör in die vorbereitete Flasche füllen und fest verschließen.

9. Den Likör nochmals ca. 1 Monat ziehen lassen.

Achtung!

Engelwurz kann mit dem tödlich giftigen Wasserschierling verwechselt werden. Deshalb sollte man die Pflanze sehr gut kennen, bevor man sie selbst sammelt.

Wermutlikör

Zutaten: für ca.  à 750 ml

300 g Zucker
3–4 Pimentkörner
1 Zimtstange
3–4 Gewürznelken
1 Prise Muskat, frisch gerieben
1 Vanilleschote
200 ml Gin, ca. 38 Vol.-%
250 ml Wermut

Zubereitung:

1. Den Zucker mit 300 ml Wasser, dem Piment, dem Zimt, den Nelken und dem Muskat aufkochen. Etwa 5 Minuten köcheln lassen, dann von der Herdplatte nehmen.

2. Die längs aufgeschlitzte Vanilleschote dazugeben und die Lösung abkühlen lassen.

3. Die Lösung mit dem Gin und dem Wermut in ein sauberes Glasgefäß füllen.

4. Das Gefäß fest verschließen. Kühl und dunkel ca. 4 Wochen ziehen lassen.

5. Eine Flasche gründlich mit heißem Wasser reinigen und trocknen lassen.

6. Ein Sieb mit einem Tuch auslegen und in eine Schüssel hängen. Den Likör in das Sieb schütten und filtern. Anschließend in die vorbereitete Flasche füllen.

Chililikör

Zutaten: für ca.  à 400 ml

1 Limette, unbehandelt
1 Stück Ingwer (2–3 cm)
2 rote Chilischoten
250 g brauner Zucker
500 ml Wodka, ca. 40 Vol.-%

Zubereitung:

1. Die Limette heiß abwaschen, trocken reiben und in Scheiben schneiden.

2. Den Ingwer schälen und in Scheiben schneiden. Die Chilischoten waschen und halbieren.

3. Die Limette, den Ingwer und die Chilischoten mit dem Zucker und 300 ml Wasser aufkochen. Etwa 10 Minuten köcheln und anschließend abkühlen lassen.

4. Die Lösung mit dem Wodka vermischen und in ein sauberes Glasgefäß füllen.

5. Das Gefäß fest verschließen und ca. 4 Wochen an einem kühlen und dunklen Ort ziehen lassen.

6. Die Flaschen gründlich mit heißem Wasser reinigen und trocknen lassen.

7. Ein Sieb mit einem Tuch auslegen und in eine Schüssel hängen. Den Likör in das Sieb schütten und filtern.

8. Den Likör in die vorbereiteten Flaschen füllen.

Kümmellikör

Zutaten: für ca.  à 400 ml

150 g Zucker
2 EL Kümmelfrüchte
700 ml Korn, ca. 32 Vol.-%

Zubereitung:

1. Den Zucker in einem Topf mit 100 ml Wasser erhitzen und so lange kochen, bis der Zucker sich aufgelöst hat. Den Topf vom Herd nehmen und die Lösung abkühlen lassen.

2. Die Kümmelfrüchte in einem Mörser etwas anstoßen. Die Lösung mit dem Kümmel vermischen und in ein sauberes Glasgefäß geben. Den Korn angießen und das Gefäß fest verschließen.

3. Den Ansatz ca. 3 Wochen ziehen lassen.

4. Die Flaschen gründlich mit heißem Wasser reinigen und trocknen lassen.

5. Ein Sieb mit einem Tuch auslegen und in eine Schüssel hängen. Den Likör in das Sieb schütten und filtern.

6. Den Likör in die vorbereiteten Flaschen füllen.

Achtung!

Sammeln Sie Kümmel nur selbst, wenn Sie sich gut auskennen. Kümmel gehört zur Familie der Doldengewächse, von denen einige sehr giftig sind.

Vanillelikör

Zutaten: für ca. 2 à 400 ml

2 Vanilleschoten
200 g Zucker
50 g Honig
400 ml Wodka, ca. 40 Vol.-%
100 ml Brandy, ca. 38 Vol.-%

Zubereitung:

1. Die Vanilleschoten längs aufschlitzen und mit dem Zucker,
   dem Honig und 250 ml Wasser
   aufkochen. Ca. 20 Minuten
   köcheln lassen.

2. Die Lösung abkühlen lassen.
   Mit dem Wodka und dem
   Brandy mischen.

3. Die Mischung in ein sauberes
   Glasgefäß füllen. Fest verschließen und an einem dunklen
   und kühlen Ort ca. 4 Wochen
   ziehen lassen.

4. Die Flaschen gründlich mit
   heißem Wasser reinigen und
   trocknen lassen.

5. Ein Sieb mit einem Tuch auslegen und in eine Schüssel
   hängen. Den Likör in das Sieb
   schütten und filtern.

6. Den Likör in die vorbereiteten
   Flaschen füllen.

Ringelblumenlikör

Zutaten: für ca. ▐▐ à 500 ml

1 Zitrone, unbehandelt
4 Handvoll Ringelblumenblüten
400 g Zucker
600 ml Korn, ca. 32 Vol.-%

Zubereitung:

1. Die Zitrone heiß abwaschen, trocken reiben und in Scheiben schneiden.

2. Die Blüten verlesen und mit 400 ml Wasser und der Zitrone aufkochen. Etwa 20 Minuten leise köcheln lassen.

3. Ein Sieb mit einem Tuch auslegen und in eine Schüssel hängen. Den Sud in das Sieb schütten und filtern.

4. Den Sud in einen Topf geben und mit dem Zucker aufkochen. So lange kochen, bis sich der Zucker vollständig gelöst hat. Den Topf vom Herd nehmen und abkühlen lassen.

5. Die Zuckerlösung mit dem Schnaps vermischen und in ein sauberes Glasgefäß füllen.

6. Den Likör an einem kühlen und dunklen Ort ca. 4 Wochen ziehen lassen.

7. Die Flaschen gründlich mit heißem Wasser reinigen und trocknen lassen.

8. Den Likör nach Belieben nochmals filtern und in die vorbereiteten Flaschen füllen.

insenglikör

Zutaten: für ca. 🍷 à 700 ml

250 g Palmzucker
ca. 350 g Ginsengwurzel
400 ml Reisschnaps, ca. 42 Vol.-%

Zubereitung:

1. Den Zucker mit 250 ml Wasser ca. 10 Minuten kochen und anschließend abkühlen lassen.

2. Den Ginseng heiß abwaschen, trocken tupfen und in ein sauberes Gefäß mit weiter Öffnung geben.

3. Den Sirup mit dem Reisschnaps vermischen und in das Gefäß gießen, sodass die Wurzel gut bedeckt ist.

4. Das Gefäß fest verschließen. An einem kühlen und dunklen Ort ca. 2 Monate ziehen lassen.

5. Eine Flasche gründlich mit heißem Wasser reinigen und trocknen lassen.

6. Ein Sieb mit einem Tuch auslegen und in eine Schüssel hängen. Den Likör in das Sieb schütten und filtern.

7. Den Likör in die vorbereitete Flasche füllen.

Interessant!

Palmzucker wird aus den Blütenständen verschiedener Palmarten gewonnen. Im Verhältnis zu gewöhnlichem Haushaltszucker ist er weniger süß und hat einen karamellartigen Beigeschmack.

Melissenlikör

Zutaten: für ca. ■■■ à 500 ml

2 Zitronen, unbehandelt
1 Handvoll Zitronenmelisseblätter
1 l Weinbrand, ca. 38 Vol.-%
500 g Zucker

Zubereitung:

1. Die Zitronen heiß abwaschen, trocken reiben und in Scheiben schneiden.

2. Die Zitronenmelisseblätter ebenfalls waschen und mit Küchenkrepp trocknen.

3. Die Zitronenscheiben und die Zitronenmelisseblätter in ein sauberes Einmachglas geben und mit dem Weinbrand auffüllen.

4. Das Glas fest verschließen und den Ansatz für ca. 3 Wochen an einem hellen Ort ziehen lassen.

5. Den Zucker mit 500 ml Wasser ca. 10 Minuten kochen lassen, bis sich der Zucker vollständig aufgelöst hat. Die Lösung abkühlen lassen.

6. Ein Sieb mit einem Tuch auslegen und in eine Schüssel hängen. Den Ansatz durch das Sieb schütten und filtern.

7. Die Flaschen gründlich mit heißem Wasser reinigen und trocknen lassen.

8. Den Ansatz mit der Zuckerlösung mischen und in die vorbereiteten Flaschen füllen.

9. Die Flaschen fest verschließen und ca. 3 weitere Wochen an einem kühlen und dunklen Ort ziehen lassen.

Beruhigungslikör mit Blüten und Melisse

Zutaten: für ca.  à 700 ml

400 g Zucker
1 Stängel Schlüsselblumen
1 Handvoll Zitronenmelisseblätter
1 TL Lavendelblüten
1 EL Salbeiblüten
2 Stängel rotes Basilikum
2–3 Hibiskusblüten
1 EL Johanniskrautblüten
2 Dolden Engelwurz
1 l Korn, ca. 32 Vol.-%

Zubereitung:

1. Den Zucker mit 400 ml Wasser aufkochen und ca. 5 Minuten köcheln lassen, bis sich der Zucker vollständig aufgelöst hat. Die Lösung anschließend abkühlen lassen.

2. Die Blüten und Kräuter verlesen, abzupfen, nach Bedarf abbrausen und trocken tupfen.

3. Blüten und Kräuter in ein sauberes Glasgefäß mit weiter Öffnung geben. Den Sirup und den Korn angießen.

4. Das Gefäß fest verschließen und den Ansatz ca. 6 Wochen ziehen lassen.

5. Die Flaschen gründlich mit heißem Wasser reinigen und trocknen lassen.

6. Ein Sieb mit einem Tuch auslegen und auf eine Schüssel stellen. Den Likör in das Sieb schütten und filtern.

7. Den Likör in die vorbereiteten Flaschen füllen und weitere 4 Wochen im Dunkeln lagern.

Kräuterlikör

Zutaten: für ca. ▮▮▮ à 500 ml

400 g Zucker
2 Handvoll Rosenblütenblätter, unbehandelt
2 Holunderblütendolden
1 Handvoll Zitronenmelisseblätter
2 Stängel blühendes Gänsefingerkraut
1 l Korn, ca. 32 Vol.-%

Zubereitung:

1. Den Zucker mit 400 ml Wasser etwa 15 Minuten kochen, bis er sich vollständig aufgelöst hat. Die Lösung anschließend abkühlen lassen.

2. Rosenblätter, abgezupfte Holunderblüten, Melisseblätter und Gänsefingerkraut mit Blättern und Blüten in ein sauberes Glasgefäß mit weiter Öffnung geben.

3. Mit dem Korn und dem Zuckersirup auffüllen.

4. Gefäß fest verschließen, ca. 8 Wochen an einem hellen, warmen Ort ziehen lassen und regelmäßig schwenken.

5. Die Flaschen gründlich mit heißem Wasser reinigen und trocknen lassen.

6. Ein Sieb mit einem Tuch auslegen und in eine Schüssel hängen. Den Likör in das Sieb schütten und filtern.

7. Den Likör in die vorbereiteten Flaschen füllen.

Kräuterlikör „Magenschmeichler"

Zutaten: für ca.  à 500 ml

200 g brauner Zucker
3 Ringelblumen
6 Blätter der Johannisbeere, ohne Stängel
1 EL Fenchelfrüchte
1 EL Kardamomkapseln
1 Zimtstange
1 l Korn, ca. 32 Vol.-%

Zubereitung:

1. Den Zucker mit den Ringelblumenblüten und den Johannisbeerblättern in eine saubere Glaskaraffe geben.

2. Den Fenchel mit dem Kardamom und dem Zimt im Mörser grob zerstoßen. Ebenfalls in die Karaffe geben und mit dem Korn auffüllen.

3. Die Karaffe fest verschließen und den Ansatz an einen sonnigen, warmen Platz stellen.

4. Die Karaffe regelmäßig schwenken und etwa 2 Monate ziehen lassen.

5. Die Flaschen gründlich mit heißem Wasser reinigen und trocknen lassen.

6. Ein Sieb mit einem Tuch auslegen und in eine Schüssel hängen. Den Likör in das Sieb schütten und filtern.

7. Den Likör in die vorbereiteten Flaschen füllen.

Gewürzlikör

Zutaten: für ca. ░░ à 350 ml

2 Kardamomkapseln
1 Vanilleschote
1 Sternanis
4–5 Gewürznelken
½ Zimtstange
1 TL Rosa Pfeffer
700 ml Weinbrand, ca. 38 Vol.-%
100 g Honig
100 g Trockenpflaumen
100 g getrocknete Aprikosen
100 g getrocknete Feigen
50 g Sultaninen

Interessant!

Bei „Rosa Pfeffer" handelt es sich um die Früchte des brasilianischen Pfefferbaums und nicht etwa um echten Pfeffer. Da die Früchte gern als Weihnachtsschmuck verwendet werden, nennt man sie auch „Weihnachtsbeeren".

Zubereitung:

1. In einem Mörser die Kardamomkapseln zerdrücken, die Schalen entfernen und die Samen fein zerstoßen. Die Vanilleschote längs aufschneiden. Den Sternanis, die Nelken und die Zimtstange im Mörser grob zerstoßen, jedoch nicht fein zermahlen. Die Rosa-Pfeffer-Körner ganz lassen.

2. Den Weinbrand in ein großes, sauberes Einmachglas geben und mit dem Honig verrühren. Die Gewürze und die Trockenfrüchte hinzufügen.

3. Das Glas fest verschließen und den Ansatz mindestens 4 Wochen bei Raumtemperatur ziehen lassen.

4. Die Flaschen gründlich mit heißem Wasser reinigen und trocknen lassen.

5. Den Gewürzlikör durch ein feines Sieb geben. Dabei die mit Weinbrand getränkten Früchte vorsichtig ausdrücken. Diese können weiterverarbeitet werden, z.B. zur Herstellung von weihnachtlichem Früchtebrot.

6. Es empfiehlt sich, den Likör nochmals zu filtern, um auch feine Gewürzpartikel aufzufangen.

7. Den Likör in die vorbereiteten Flaschen füllen. Nach Belieben zur Dekoration eine Vanillestange oder eine Zimtstange in die Flaschen geben.

Schnäpse

Zitronenschnaps

Zutaten: für ca.  à 500 ml

4 Zitronen, unbehandelt
einige Zitronenmelisseblätter
80 g Zucker
2 Päckchen Vanillezucker
1 l Korn, ca. 32 Vol.-%

Zubereitung:

1. Die Zitronen abwaschen und trocken reiben. Die Schale mit einem Zestenreißer abziehen. Die Melisseblätter waschen und mit Küchenkrepp trocken tupfen.

2. Die Zitronenschale und die Melisseblätter mit dem Zucker sowie dem Vanillezucker vermischen und in ein sauberes Glasgefäß mit weiter Öffnung geben. Alles mit dem Korn übergießen und das Gefäß fest verschließen.

3. Den Ansatz an einem dunklen, kühlen Ort ca. 6 Wochen ziehen lassen. Das Gefäß von Zeit zu Zeit schwenken, damit sich der Zucker gut löst.

4. Die Flaschen gründlich mit heißem Wasser reinigen und trocknen lassen.

5. Ein Sieb mit einem Tuch auslegen und in eine Schüssel hängen. Den Schnaps in das Sieb schütten und filtern.

6. Den Schnaps in die vorbereiteten Flaschen füllen.

Tipp:

Sie können den Schnaps auch ungefiltert servieren oder einige Zitronenschalen und Melisseblätter nach dem Filtervorgang zurück in die Flaschen geben.

Zitronen-Holunderbeer-Schnaps

Zutaten: für ca.  à 500 ml

1 Dolde Holunderbeeren
1 Zitrone, unbehandelt
100 g brauner Zucker
1 l Wodka, ca. 40 Vol.-%

Zubereitung:

1. Die Holunderbeerdolde abbrausen, trocken tupfen und in ein sauberes Glasgefäß mit weiter Öffnung geben. Die Zitrone heiß abwaschen, trocken reiben und etwas von der Schale in Streifen abziehen.

2. Die Schalenstreifen mit dem Zucker zum Holunder geben und den Wodka angießen. Das Gefäß fest verschließen und den Ansatz an einem dunklen, kühlen Ort ca. 6 Wochen ziehen lassen. Das Gefäß regelmäßig schwenken.

3. Die Flaschen gründlich mit heißem Wasser reinigen und trocknen lassen.

4. Ein Sieb mit einem Tuch auslegen und in eine Schüssel hängen. Den Schnaps in das Sieb schütten und filtern.

5. Den Schnaps in die vorbereiteten Flaschen füllen.

Osterschnaps mit Zitronenmelisse

Zutaten: für ca.  à 500 ml

1 Handvoll Zitronenmelisseblätter
1 l Wodka, ca. 40 Vol.-%

Zubereitung:

1. Die Melisseblätter abbrausen, trocken tupfen und in ein sauberes Glasgefäß mit weiter Öffnung geben.

2. Den Wodka angießen und das Gefäß gut verschließen.

3. Den Ansatz an einem hellen, warmen Ort ca. 1 Woche ziehen lassen.

4. Die Flaschen gründlich mit heißem Wasser reinigen und trocknen.

5. Ein Sieb mit einem Tuch auslegen und in eine Schüssel hängen. Den Schnaps in das Sieb schütten und filtern.

6. Den Schnaps in die vorbereiteten Flaschen füllen.

Holunderblütenschnaps

Zutaten: für ca.  à 500 ml

5 Dolden Holunderblüten
1 Zitrone, unbehandelt
2 EL Zucker
1 l Wodka, ca. 40 Vol.-%

Zubereitung:

1. Die Holunderblüten abzupfen und in ein sauberes Glasgefäß mit weiter Öffnung füllen.

2. Die Zitrone heiß abwaschen und die Schale abschneiden (ohne die weiße Haut).

3. Die Zitronenschale mit dem Zucker und dem Wodka zum Holunder geben und das Gefäß fest verschließen.

4. Den Ansatz ca. 1 Woche ziehen lassen und das Gefäß ab und zu schwenken.

5. Die Flaschen gründlich mit heißem Wasser reinigen und trocknen lassen.

6. Ein Sieb mit einem Tuch auslegen und in eine Schüssel hängen. Den Schnaps in das Sieb schütten und filtern.

7. Den Schnaps in die vorbereiteten Flaschen füllen.

Interessant!

Dem Holunder wurden früher magische Kräfte zugeschrieben. Daher wurde ein Holunderbusch am Haus nie gefällt, denn er schützte vor Unheil.

Hagebuttenschnaps

Zutaten: für ca.  à 500 ml

300 g Hagebutten
1 l Apfelschnaps, ca. 40 Vol.-%

Zubereitung:

1. Die Hagebutten waschen und trocknen. Mit einem Messer auf der Seite einschneiden und die Kerne herausschaben. Dabei Einmalhandschuhe tragen, da bei Hautkontakt Juckreiz hervorgerufen wird. Die Hagebutten nochmals kurz abwaschen.

2. Die Hagebutten in ein sauberes Glasgefäß geben. Den Schnaps aufgießen und den Ansatz ca. 2 Wochen ziehen lassen.

3. Die Flaschen gründlich mit heißem Wasser reinigen und trocknen lassen.

4. Ein Sieb mit einem Tuch auslegen und in eine Schüssel hängen. Den Schnaps in das Sieb schütten und filtern.

5. Den Schnaps in die vorbereiteten Flaschen füllen.

Wussten Sie ...

... dass die Hagebutte auch „Rosenapfel" genannt wird? Sie ist die Frucht verschiedener Wildrosenarten und enthält sehr viel Vitamin C und A.

Wie kommt die *Birne* in die *Flasche*?

Um eine Birne in ein Gefäß zu bekommen, gibt es nur eine Möglichkeit: Die Frucht wächst am Baum in das Gefäß hinein. Dazu wartet man ab, bis die Blüten des Birnbaums verblüht und befruchtet worden sind. Schon 2 Wochen nach dem Verblühen ist zu sehen, welche Früchte sich gut entwickeln und vermutlich nicht von Schädlingen befallen sind. Passen die kleinen Birnen gerade noch durch einen Flaschenhals, stülpt man ihnen eine geeignete Flasche (mit kurzem Hals) über, die mit einem Draht, etwas Gummiband oder Schnur am Ast befestigt wird. Das Befestigungsmaterial sollte UV-beständig sein und längere Zeit der Witterung trotzen können. Die kleine Birne sollte möglichst weit in die Flasche hineinragen, damit sie nicht im Flaschenhals festwächst.

Der Draht muss an den Stellen, an denen er mit dem Ast in Berührung kommt, gut gepolstert sein, z. B. mit einem Stück Gummischlauch. So wird vermieden, dass der Ast durch den Draht verletzt wird. Die Flasche sollte vor der Verwendung gründlich gereinigt und getrocknet sein.

Nun kann die Birne in die Flasche hineinwachsen. Sinnvoll ist es, die anderen Früchte am Ast zu entfernen, damit die Birne in der Flasche die beste Versorgung erhält.

Bei der Wahl der Frucht und des Astes sollte man prüfen, ob der Ast das Gewicht der aufgebundenen Flasche tragen kann. Man kann den jeweiligen Ast auch mit einem Holzgestell zusätzlich stützen. Am besten geeignet sind kräftige Äste im unteren Bereich des Baumes. So kann von Zeit zu Zeit

auch ohne Einsatz einer Leiter überprüft werden, ob die Birne in der Flasche gut gedeiht.

Kurz bevor die Birnen vollständig reif sind, wird die Birne mitsamt der Flasche geerntet. Der Stängel sollte dabei an der Frucht bleiben. Es ist wichtig, genau den richtigen Zeitpunkt abzupassen, denn die Birne in der Flasche sollte nicht weich, aber dennoch reif sein. Nur so kann sie ein gutes Aroma entwickeln.

Nach der Ernte werden Flasche und Birne behutsam mit kaltem Wasser gereinigt. Dabei darf die Frucht keine Druckstellen bekommen. Nach dem Trocknen durch Abtropfen wird die Flasche mit Korn, ca. 32 Vol.-% gefüllt und fest verschlossen. Der Ansatz wird dann 2 Wochen an einem kühlen, dunklen Ort gelagert.

Zierapfelschnaps

Zutaten: für ca.  à 500 ml

400 g Zieräpfel
1 l Obstbrand, ca. 38 Vol.-%

Zubereitung:

1. Die Zieräpfel waschen und trocken reiben. In ein sauberes Gefäß mit weiter Öffnung füllen. Den Obstbrand darübergießen und das Gefäß fest verschließen.

2. Den Ansatz an einem hellen, warmen Ort ca. 2 Wochen ziehen lassen.

3. Die Flaschen gründlich mit heißem Wasser reinigen und trocknen lassen.

4. Ein Sieb mit einem Tuch auskleiden und in eine Schüssel hängen. Den Schnaps in das Sieb schütten und filtern.

5. Den Schnaps in die vorbereiteten Flaschen abfüllen.

Tipp:

Zum Rohessen sind Zieräpfel nicht geeignet, aber zu Gelee verarbeitet oder eingelegt entwickeln sie ein intensiv fruchtiges Aroma.

Blutwurzschnaps

Zutaten: für ca. 🍶🍶 à 500 ml

100 g Blutwurz, Wurzelstock
1 l Obstbrand, ca. 38 Vol.-%

Zubereitung:

1. Die Blutwurz fein hacken und in ein sauberes Gefäß mit weiter Öffnung füllen.

2. Den Obstbrand darübergießen und das Gefäß fest verschließen.

3. Den Ansatz an einem warmen, sonnigen Ort ca. 4 Wochen ziehen lassen.

4. Die Flaschen gründlich mit heißem Wasser reinigen und trocknen lassen.

5. Ein Sieb mit einem Tuch auslegen und in eine Schüssel hängen. Den Schnaps in das Sieb schütten und filtern.

6. Den Schnaps in die vorbereiteten Flaschen abfüllen.

Feigenschnaps mit Granatapfel

Zutaten: für ca.  à 500 ml

4 Feigen
1 Granatapfel
50 g brauner Zucker
1 l Korn, ca. 32 Vol.-%

Zubereitung:

1. Die Feigen waschen, vierteln und in ein sauberes Gefäß mit weiter Öffnung füllen. Den Granatapfel halbieren und die Kerne sorgfältig herauslösen, dabei die weiße Haut entfernen. Die Kerne zu den Feigen geben.

2. Den Zucker über die Früchte streuen und den Korn angießen. Das Gefäß fest verschließen und an einem dunklen, kühlen Ort ca. 4 Wochen ziehen lassen.

3. Die Flaschen gründlich mit heißem Wasser reinigen und trocknen lassen.

4. Ein Sieb mit einem Tuch auslegen und in eine Schüssel hängen. Den Schnaps in das Sieb schütten und filtern.

5. Den Schnaps in die vorbereiteten Flaschen füllen.

Pflaumenschnaps

Zutaten: für ca. ▌▌ à 500 ml

400 g reife Pflaumen
½ Orange, unbehandelt
80 g weißer Kandiszucker
1 Zimtstange
500 ml Wodka, ca. 40 Vol.-%
500 ml Korn, ca. 32 Vol.-%

Zubereitung:

1. Die Pflaumen waschen, entsteinen und halbieren. Die Früchte in ein großes, sauberes Glasgefäß mit weiter Öffnung füllen.

2. Die Schale der Orange abschneiden (ohne die weiße Haut).

3. Den Kandis, die Zimtstange und die Orangenschale hinzufügen und alles mit dem Wodka und dem Korn aufgießen.

4. Das Gefäß fest verschließen und an einem kühlen und dunklen Ort ca. 2 Wochen reifen lassen. Das Gefäß ab und zu schwenken, damit sich der Kandis gut löst.

5. Die Flaschen gründlich mit heißem Wasser reinigen und trocknen lassen.

6. Ein Sieb mit einem Tuch auslegen und in eine Schüssel hängen. Den Ansatz in das Sieb schütten und filtern.

7. Den Schnaps in die vorbereiteten Flaschen füllen und vor dem Servieren ca. 2 weitere Wochen ruhen lassen.

Weißdornschnaps

Zutaten: für ca.  à 500 ml

300 g Weißdornbeeren
80 g weißer Kandiszucker
1 l Korn, ca. 32 Vol.-%

Zubereitung:

1. Die Weißdornbeeren waschen und trocknen.

2. Mit dem Zucker in ein sauberes Glasgefäß mit weiter Öffnung schichten und mit dem Korn übergießen. Das Gefäß fest verschließen.

3. Den Ansatz an einem dunklen, kühlen Ort ca. 2 Wochen ziehen lassen. Das Gefäß von Zeit zu Zeit schwenken, damit sich der Zucker gut löst.

4. Die Flaschen gründlich mit heißem Wasser reinigen und trocknen lassen.

5. Ein Sieb mit einem Tuch auskleiden und in eine Schüssel hängen.

6. Den Schnaps in das Sieb schütten und filtern.

7. Den Schnaps in die vorbereiteten Flaschen füllen.

Interessant!

Die Weißdornbeeren enthalten sehr viel Vitamin C. Alle Pflanzenteile des Weißdorns haben eine stärkende Funktion auf den Herzmuskel, insbesondere Blätter und Blüten während der Blütezeit von Mai bis Juni. Diese können dann gesammelt, getrocknet und als Teeaufguss getrunken werden.

Quittenschnaps

Zutaten: für ca. ▌▌ à 500 ml

400 g Quitten
80 g weißer Kandiszucker
1 l Korn, ca. 32 Vol.-%

Zubereitung:

1. Die Quitten waschen, von dem weichen Flaum befreien und trocknen.

2. Mit dem Zucker in ein sauberes Glasgefäß mit weiter Öffnung schichten und mit dem Korn übergießen. Das Gefäß fest verschließen.

3. Den Ansatz an einem dunklen, kühlen Ort ca. 2 Wochen ziehen lassen. Das Gefäß von Zeit zu Zeit schwenken, damit sich der Zucker gut löst.

4. Die Flaschen gründlich mit heißem Wasser reinigen und trocknen lassen.

5. Ein Sieb mit einem Tuch auslegen und in eine Schüssel hängen. Den Schnaps in das Sieb schütten und filtern.

6. Den Schnaps in die vorbereiteten Flaschen füllen.

Sanddornschnaps

Zutaten: für ca. à 500 ml

300 g Sanddornbeeren
80 g Zucker
1 l Korn, ca. 32 Vol.-%

Zubereitung:

1. Die Sanddornbeeren verlesen, waschen und trocknen.

2. Mit dem Zucker in ein sauberes Glasgefäß mit weiter Öffnung füllen. Den Korn darübergießen und das Gefäß fest verschließen.

3. An einem dunklen, kühlen Ort ca. 2 Wochen ziehen lassen. Das Gefäß von Zeit zu Zeit schwenken, damit sich der Zucker gut löst.

4. Die Flaschen gründlich mit heißem Wasser reinigen und trocknen lassen.

5. Ein Sieb mit einem Tuch auslegen und in eine Schüssel hängen. Den Schnaps in das Sieb schütten und filtern.

6. Den Schnaps in die vorbereiteten Flaschen füllen.

Tipp:

Sanddornbeeren enthalten viel Vitamin C, sogar mehr als Zitrusfrüchte! Außerdem sind sie ein Vitamin-B12-Lieferant und gehören damit zu den wenigen pflanzlichen Nahrungsmitteln, die dieses Vitamin enthalten.

Weihnachtsschnaps

Zutaten: für ca.  à 500 ml

1 Orange, unbehandelt
1 Zimtstange
1 TL Kardamomfrüchte
1 TL Fenchelfrüchte
800 ml Korn, ca. 32 Vol.-%
100 g Honig

Zubereitung:

1. Die Orange heiß abwaschen und die Schale abschneiden (ohne die weiße Haut).

2. Die Orangenschale mit dem Zimt, dem Kardamom und dem Fenchel in ein sauberes Glasgefäß geben und den Korn darübergießen. Das Gefäß fest verschließen und den Ansatz ca. 2 Wochen ziehen lassen.

3. Die Flaschen gründlich mit heißem Wasser reinigen und trocknen lassen.

4. Ein Sieb mit einem Tuch auslegen und in eine Schüssel hängen. Den Ansatz in das Sieb schütten und filtern.

5. Den Honig mit 200 ml Wasser erhitzen (nicht kochen) und auflösen. Abkühlen lassen und mit dem gefilterten Ansatz in die vorbereiteten Flaschen füllen.

6. Die Flaschen fest verschließen und vor dem Servieren weitere 2 Wochen ruhen lassen.

Cranberryschnaps

Zutaten: für ca.  à 500 ml

300 g Cranberrys
80 g Zucker
1 Vanilleschote
1 Zimtstange
1 l Korn, ca. 32 Vol.-%

Zubereitung:

1. Die Cranberrys verlesen, waschen und leicht einschneiden. Mit dem Zucker vermischen und in ein sauberes Glasgefäß mit weiter Öffnung geben. Die Vanilleschote längs aufschlitzen und zusammen mit der Zimtstange dazugeben.

2. Mit dem Schnaps auffüllen und fest verschließen.

3. Den Ansatz an einem dunklen, nicht zu kühlen Ort ca. 8 Wochen ziehen lassen. Das Gefäß währenddessen ab und zu schwenken, damit sich der Zucker gut löst.

4. Die Flaschen gründlich mit heißem Wasser reinigen und trocknen lassen.

5. Ein Sieb mit einem Tuch auslegen und in eine Schüssel hängen. Den Ansatz in das Sieb schütten und filtern.

6. Den Schnaps in die vorbereiteten Flaschen füllen. Vor dem Servieren ca. 2 weitere Wochen stehen lassen. Gut verschlossen lagern.

Interessant!

Die ersten europäischen Siedler lernten von den Indianern, heimische Pflanzen und Tiere für ihre Ernährung zu nutzen. Zum Dank luden sie die Indianer zu einer Feier ein, bei der Truthahn mit Cranberrys serviert wurde. Diese Tradition wird in den USA noch heute als „Thanksgiving" fortgesetzt: Dann wird Truthahn mit Cranberry-Soße serviert.

Register

A
Abacate 48
Apfelbeerenlikör 16
Aprikosenlikör 27

B
Beruhigungslikör mit Blüten und Melisse 59
Blutwurzschnaps 72
Brombeerlikör 17

C
Chililikör 53
Clementinenlikör 32
Cranberrylikör 13
Cranberryschnaps 79

E
Eierlikör 48
Engelwurzlikör 51
Erdbeerlikör 14

F
Feigenschnaps mit Granatapfel 73

G
Gewürzlikör 62
Ginsenglikör 57

H
Hagebuttenlikör 37
Hagebuttenschnaps 69
Haselnusslikör 44
Himbeerlikör 15
Holunderbeerlikör 20
Holunderblütenlikör 21
Holunderblütenschnaps 68
Honiglikör 46

J
Johannisbeerlikör, Schwarzer 18

K
Kaffeelikör 41
Kirsch-Aprikosen-Likör 24
Kirschlikör 22
Kirsch-Walderdbeer-Likör 25
Kräuterlikör „Magenschmeichler" 61
Kräuterlikör 60
Kümmellikör 54
Kumquatlikör 33

L
Limoncello 28

M
Melissenlikör 58

O
Orangen-Kaffee-Likör 29
Orangenlikör mit Zitronenmelisse 30
Osterschnaps mit Zitronenmelisse 67

P
Pflaumen-Birnen-Likör 26
Pflaumenschnaps 74

Q
Quittenlikör 36
Quittenschnaps 76

R
Rhabarberlikör 34
Ringelblumenlikör 56
Rosenblätterlikör 40

S
Safranlikör 50
Sanddornschnaps 77
Schlehenlikör 38
Schokoladenlikör 45

V
Vanillelikör 55
Vogelbeerlikör 19

W
Waldmeisterlikör 47
Walnusslikör 42
Walnusslikör mit Weißwein 43
Weihnachtsschnaps 78
Weißdornschnaps 75
Wermutlikör 52

Z
Zierapfelschnaps 71
Zitronen-Holunderbeer-Schnaps 66
Zitronenschnaps 65

© 2013 design cat GmbH

Genehmigte Lizenzausgabe
EDITION XXL GmbH
Fränkisch-Crumbach 2013
www.edition-xxl.de

Idee und Projektleitung: Sonja Sammüller
Layout, Satz und Umschlaggestaltung:
design cat GmbH

ISBN (13) 978-3-89736-171-3
ISBN (10) 3-89736-171-X

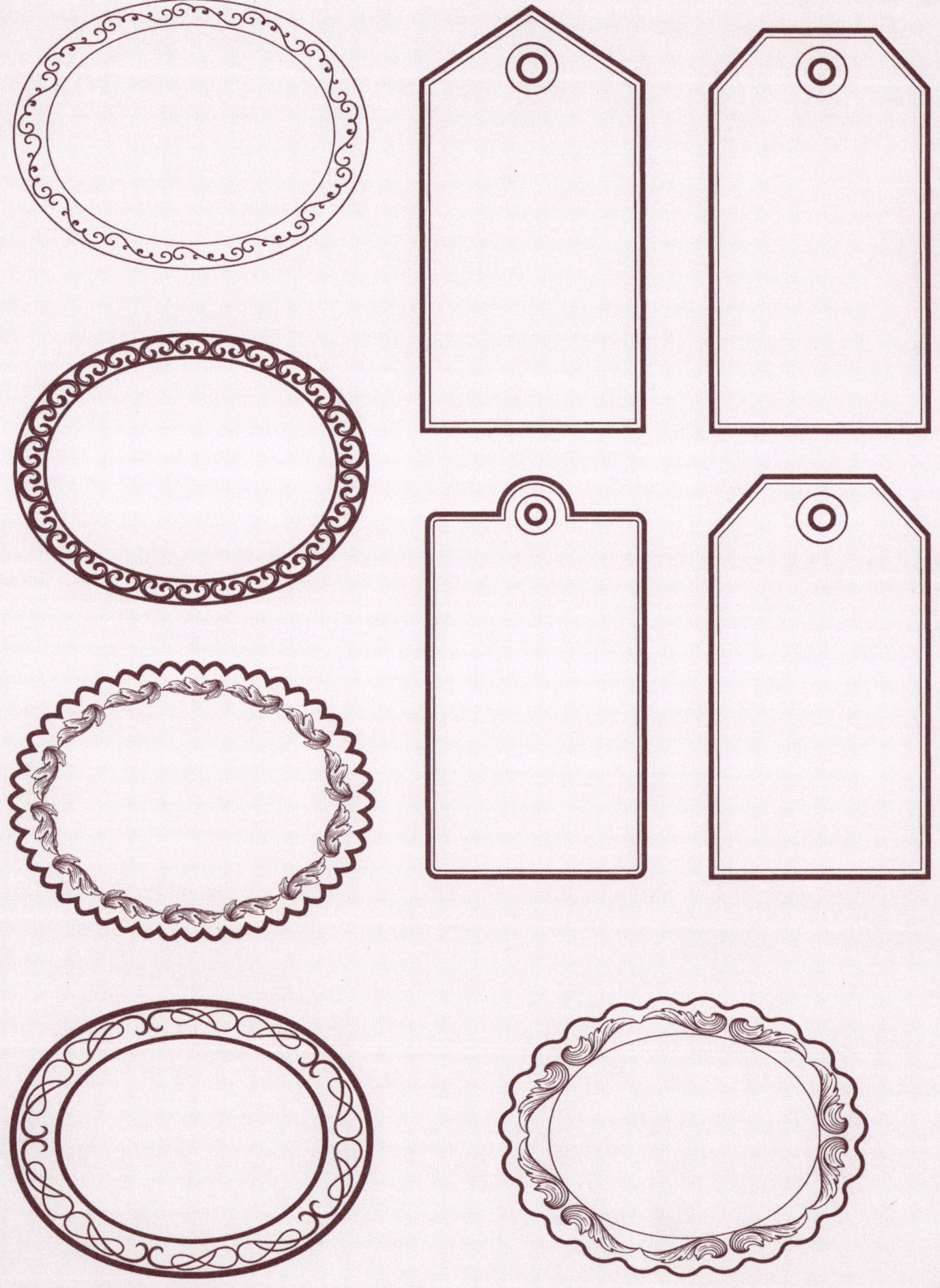